带好团队就用这几招

会带人，带出一群“狼”
不会带人，带出一群“羊”

SOME TIPS FOR TEAM MANAGEMENT

志　朝◎著

成都时代出版社
CHENGDU TIMES PRESS

图书在版编目（CIP）数据

带好团队就用这几招 / 志朝著. -- 成都:成都时代出版社, 2017.8
ISBN 978-7-5464-1876-6

Ⅰ.①带… Ⅱ.①志… Ⅲ.①企业管理－组织管理学 Ⅳ. ①F272.9

中国版本图书馆 CIP 数据核字(2017)第 198776 号

带好团队就用这几招

DAIHAO TUANDUI JIUYONG ZHEJIZHAO

志朝 著

出 品 人　石碧川
责任编辑　兰晓蓥蓥
责任校对　李茜蕾
装帧设计　天下书装
责任印制　干燕飞

出版发行　成都时代出版社
电　　话　（028）86742352（编辑部）
　　　　　（028）86615250（发行部）
网　　址　www.chengdusd.com
印　　刷　北京柯蓝博泰印务有限公司
规　　格　880mm×1230mm　1/32
印　　张　8.5
字　　数　200 千
版　　次　2017 年 10 月第 1 版
印　　次　2017 年 10 月第 1 次印刷
书　　号　ISBN 978-7-5464-1876-6
定　　价　49.00 元

前 言

带团队就是管人、管事和管物，是企业管理永恒不变的三大课题，其中以管人最难、最复杂。因为人才是事业之根本，有了人才是一件好事，但还要会管，还要会用。如果不会管人、用人，即便你手里有范增、韩信这样的人才，你一样难逃乌江自刎的命运。一个国家如此，一个单位或企业也是如此。因此，千百年来，如何管人都是各级管理者所关注的。

如果说选人能体现一个管理者的智慧和才干，那么管人、用人则更能体现一个管理者的权威与魅力。成功的管理者往往是成于管人，失败的管理者往往是败于管人。对一个管理者来说，如果他能管好人，往往能把企业经营得风生水起；如果他管不好人，往往会把企业搅得鸡犬不宁。

为什么管人如此重要呢？因为企业内所有的工作都要由人来完成。管好了员工，员工才会表现出良好的工作态度和敬业精神，才会认真负责地对待工作，才会和同事保持良好的协作，从而高效、完美地完成领导者下达的工作任务。所以说，管理的核心就在于管人，只要管理者搞定了员工，那么搞定工作就不成问题了。

一个管理者的志向再怎么远大、战略再怎么英明、决策再怎么富有智慧，如果没有优秀的人才替他去执行、去实现，那么一切都是空谈。对管理者来说，你凭什么让员工为你卖命呢？这就要求你掌握管人的绝招。著名管理大师、通用电气公司前总裁杰克·韦尔奇说过一句名言："最好的管就是少管。"他推崇简单化的管理模式，建议管理者多放权、少管制，充分发挥员工的积极性和创造性。

怎样才能实现简单化管理，怎样才能管得少呢？答案就是掌握管理员工的几大绝招。首先，管人要管心，让员工真心拥护你，他们才会忠心追随你，这是成功管理的基本前提。接着，管理者可以从树立威信开始，努力打造自身的影响力，因为影响力比权力更可靠，管理者可以定下规矩、制定科学合理的制度，给员工最基本的约束。

管理者应该掌握激励的智慧和批评的艺术，让员工的潜能得到激发，才华得到施展。通过有效的激励手段，管理者可以让员工释放更大的潜能。有效的激励可以让企业不用下血本，一样可以赢得员工的芳心，让员工忠心耿耿。

要想管好人，管理者还要重视绩效考核。绩效考核的意义在于尊重员工的真实劳动成果，不煮"大锅饭"，实现公平竞争，让员工真正意识到"多劳多得，有付出就有回报"，从而从内心深处激发员工的积极性。

要想管好人，管理者还要善于打造无坚不摧的团队。因为这是一个合作的时代，个人英雄不再是什么光荣的事情，团队制胜才是值得骄傲的荣耀。管理者作为企业的带头人，只有带好了头，才能让团队成员凝聚在一起。

要想管好人，管理者还要善于化解企业内部的矛盾与冲突。解决员工间的矛盾冲突是管理者的一项基本职责，只有公平、公正地解决员工之间的矛盾和冲突，才能让团队保持和谐的氛围，保证团队的高效运转。

当你掌握了这样几招管理方法，那么即便复杂的管理工作也会马上变得简单轻松起来。在你感到轻松的同时，由于你管得少，员工也会感到轻松快乐，员工在工作中会表现得更好。这就是简单的管理之道，也是经营管理的制胜之道。

目 录

第一章 》》》》》

“无威”不治：带好团队从树立权威开始

第二章 》》》》》

管人管事，管到心里去

第七章 》》》

考核的绝招——公平公正，不煮“大锅饭”

第八章 》》》

如何解决员工的矛盾与冲突

第九章 》》》》》》

如何应对员工的“跳槽”

第十章 》》》》》》

如何建设一支打不垮、挖不走的团队

SOME TIPS FOR TEAM MANAGEMENT

第一章

“无威”不治：带好团队从树立权威开始

一个公司靠什么来凝聚人心？毫无疑问是领导的威信。所谓威信既不是自封的，也不是别人捧起来的，而是靠一点一滴的业绩浇筑起来的。有威信的领导者，说话有人听，挥手有人上，能以自己的一言一行影响员工，在企业内部形成强大的向心力。

1 影响力比权力更可靠

成功的管理者靠什么改变企业的不良现状？靠的是影响力，而不是职位赋予他的权力。如果一个管理者被认为是缺乏影响力的，那么他的前途是黯淡无光的，企业的发展也是没有希望的。从经验我们可以发现，决定一位管理者是否优秀最关键的因素，并非他的个人能力有多强，而是卓越的且被员工认同的影响力。在这种影响力之下，员工会有样学样，积极自觉地对待工作。

在日本三洋公司，绝大多数员工每天都会自觉地提前15分钟上班，延迟15分钟下班。然而，公司的规章制度里并没有这样的规定，那么，为什么员工会自觉地提前上班、延后下班呢？

原来，这与公司的创始人井植薰有直接关系。井植薰一直都要求自己提前15分钟上班，延后15分钟下班，同时他也要求公司的高层这样做，以便每天早上可以站在公司的大门口迎接半数以上的普通员工来上班。

多年以来，井植薰一直坚持这么做，并深深影响了公司的所有员工。于是，他们中的绝大多数人也自觉地提前15分钟上班，延后15分钟下班。

从井植薰的事例中，我们可以看出他的影响力是强大的，是通过自己持之以恒的行为表现出来的。他通过以身作则的方式，很好地带动了广大员工，为企业注入了一股自觉提前上班、延后下班的积极工作风气。

相比之下，有些管理者不具备强大的影响力，而是凭借职位赋予的权力去要求员工做这、做那，员工表面上服从，内心却是一百个不愿意。在这种情况下，员工被动、消极地对待工作，又怎么保证工作质量呢？所以说，影响力比权力更可靠，因为影响力可以由内而外地影响员工，而权力只能影响员工的行为，却无法影响员工的思想和内心。

除了行为能给领导者带来影响力之外，领导者的思想和品格也能产生影响力。有人甚至把领导者的思想归为影响力的第一源泉，例如，那些思想境界高远、对复杂问题有独到判断力的领导者，往往会带给下属们深深的影响力。还有那些具有某种闪光的品格的领导者，如懂得换位思考，具有强烈的同情心，懂得宽容待人，在处理危机时沉着冷静、果敢刚毅，这样的领导者也会产生强大的影响力。

有一部电影叫《葛底斯堡》，它讲述了美国内战时期的一次重大战役——葛底斯堡战役。电影中，有个片段展现了张伯伦上校如何对待逃兵。

当时部队里有一批士兵出逃，被抓回来之后，一个逃兵代表抱怨："我们已经做了很多贡献，但是却受到了虐待，我们厌恶战争……"面对这一情况，张伯伦的部下劝他用手中的权力，严惩甚至枪毙这些逃兵，但是张伯伦没有这么做。

张伯伦先是向逃兵们阐述了这次战争的重要意义，“如果北方军失败了，那么我们就会失去最宝贵的自由。”然后，他承诺给他们机会选择去留，同时通过晓之以理、动之以情的劝说，最终感化了逃兵，使他们心甘情愿地重返战场，并且斗志昂扬地上阵杀敌，最后取得了葛底斯堡战役的胜利。

影响力使人发自内心地臣服，权力至多使人屈服，迫于无奈的屈服，总有一天会爆发出更强烈的反抗。只有心甘情愿地臣服，才能让员工死心塌地地追随领导者。因此，领导者的影响力比权力更可靠。

另外，领导者的知识也会增强自己的影响力。著名的医生、教授、工程师、科学家、技工等等，他们在自己的行业里，都会给下属带来巨大的影响力。因此，身为企业的领导者，如果你想让自己具备更大的影响力，除了增长知识、提升品格、提高思想方面努力，还可以从以下几个方面提升自己：

（1）以身作则

俗话说：“喊破嗓子，不如做出样子。”“其身正，不令而行；其身不正，虽令不行。”这些都说明了身教重于言传的道理，对管理者来说，一个简单有效的身体力行，很容易影响下属。有些管理者经常在下属面前高谈阔论，却没有为下属做好榜样，何谈影响力？

（2）理性说服

当下属与你有不同的观点时，如果你运用权力强迫他服从你，或置他的观点于不顾，那么下属今后可能不再积极提出自己的想法。反之，如果你理性地说服他，让他知道你为什么不赞同他的观点，这样更容易让下属信服你。

（3）传递正能量

身为领导者，应该像太阳照耀整个团队，让大家感受到你的热忱和积极，让大家看到你在工作中享受到的乐趣，而不应该消极、冷漠。当领导者的乐观、希望、信心不断向外散发时，其影响力也会不断提升。

（4）及时给员工帮助

不论是在工作中，还是在工作之外的生活中，当你发现员工遇到难题时，如果你能及时站出来，给员工提供指导和帮助，久而久之，你的影响力自然会提升。

2　虎气不足，猴气有余，成不了好领导

毛泽东曾经说过："在我身上有虎气，是为主；有些猴气，是为次。"什么是虎气呢？这个比较好理解，虎气指的是霸气、王者风范、大气派、大格局、大境界。什么是猴气呢？这就要根据猴子的特点来理解了。我们知道，猴子的特点是聪明、机灵，人们通常把"机灵鬼"比喻成猴子，说："你这家伙，猴精猴精的。"那么，是不是猴气指的是聪明、机灵呢？在回答这个问题之前，我们可以先来看一个故事：

有一只聪明的猴子，特别喜欢卖弄自己。其他猴子都看不惯它，都不喜欢它，因此，它在整个猴群中的威信极低。一天，猎人来到猴山，其他猴子因为害怕，都相互协助地逃跑了。只

有这只聪明的猴子没有其他猴子的协助，没能逃跑。猴子再机灵，也斗不过好猎手，下场只能是束手就擒。

那些看似愚钝的猴子，由于团结一致，抵御了灾难；而那只聪明的猴子，却因为没有得到同类的帮助被猎人逮捕。深入分析，我们就会发现，那只聪明的猴子是“小聪明”者们的典型代表。

俗话说：“山中无老虎，猴子称大王。”当山中没有老虎的时候，其他动物都不称王，只有猴子跳出来称王，可见，猴子与老虎具有某种共性——都想做老大。可实际上，猴子不如老虎。

与猴子的小聪明相比，老虎拥有的是大智慧。小聪明者虽然机灵，但是与大智慧者相比，由于缺少大境界、大格局、大气度，往往会做出只重眼前、不看长远的事情。说到这里，我们有必要分析一下大智慧与小聪明的区别。

大智慧者谋长远，小聪明者看眼前。真正有智慧的管理者往往立足当下，放眼长远，他们能够很好地处理眼前利益与长远利益的关系，既能适当照顾当前利益，又不会被眼前的利益迷惑而忽视长远的利益。而耍小聪明的人通常是鼠目寸光，只看眼前，不看长远。然而，不谋长远者就走不远，小聪明者最后往往是赔了夫人又折兵，就像那只爱卖弄的猴子一样，最后毁在自己手上。

大智慧者懂得适时适势，小聪明者只会投机取巧。真正的大智慧者会从战略着眼，认清现实，按照客观条件来确定自己的行动路线。而耍小聪明的人往往“术”有余而“势”不足，他们只懂得投机取巧，见什么对自己有利，就不择手段地获取，最后往往逃脱不了失败的宿命。

大智慧者沉稳、低调，具有强大的影响力，小聪明者浮躁、虚荣，招人反感。对比一下老虎与猴子，老虎沉稳、低调，虽然不怎么抛头露面，但是它对整个动物世界有强大的影响力，其他动物都对老虎敬畏三分。而猴子整天嘻嘻哈哈，又爱慕虚荣，没有王者之气，谁都不畏惧它，也不把它放在眼里。

虽然大智慧与小聪明不同，但是两者之间并没有绝对的界限。对一个管理者来说，他可以既有大智慧，也有小聪明。如果他身上的大智慧占的比重多，那么他就是一位真正的智者，就会更多地表现出虎气。如果他身上的小聪明占的比重多，那么他最多是一个有心眼、有心计的人，在他身上我们看到更多的是猴气。

身为企业管理者，最忌讳的是虎气不足，猴气有余，因为这样是无法成为出色领导的。俗话说得好："高度决定了眼界，眼界决定了境界。"管理者在看待问题时，应该从大局出发，着眼全局，这样做出的决策才可能周全，才能从根本上保障公司的利益。要做到"明大局，识大体"，管理者必须有大胸怀、大境界，千万不能只看到眼前利益，这既是一种思想，也是一种智慧。

从 1999 年成立至今，阿里巴巴在全球范围内，被十几种语言、400 多家媒体连续追踪报道，连续五次被《福布斯》评选为全球最佳 B2B 网站，排名甚至比全球电子商务的巨头亚马逊还要靠前，而马云是怎么获得这样的成就呢？

1995 年，马云开创企业黄页网站，每天出门向别人讲述互联网的神奇，说服别人出钱把自己公司的资料放到网上去，但是没有人相信他。在那段时间里，马云被人视为骗子。然而，他并未放弃。在中国互联网大潮风高浪急之时，马云决定做一个和世界上所有电子商务网站不同的 B2B 网站，他放弃了那 15% 大企业的生意，决心只做 85% 中小企业的生意。他说：“如果把企业也分成富人、穷人，那么互联网就是穷人的世界。”

这是远见还是狂妄呢？事实证明，这是马云的远见。1999 年初，他创办了阿里巴巴，企业创办初期，严重缺少资金，马云到各个大学去做演讲，宣讲他的 B2B 模式。渐渐地，他引起了人们的关注，海外媒体开始对他表现出极大的热情。风险投资商也慢慢对马云产生了兴趣。但是马云先后拒绝了 38 家风险投资商，接受了以高盛为首的投资集团的 500 万美元的投资。在该笔资金到位后，他飞赴北京，见了日本软银公司的董事长孙正义。那次交谈之后，孙正义向阿里巴巴投资了 2000 万美元。就这样，阿里巴巴在充足资金的支持下，迅速发展起来。

《福布斯》曾这样评价马云：“有着拿破仑一样的身材，更有拿破仑一样的伟大志向！”事实证明，他的眼光非常高远，他制定的企业发展战略具有很好的前瞻性。这是阿里巴巴之所以能走到今天，并且将会走得更远的战略保证。

真正具有大智慧的管理者，往往是虎气十足的，这样才具备统揽全局的能力，才能识大体，谋大局，抓大事，才能从企业全局的角度、从长远的角度看问题，这样才不至于一叶障目，不见泰山，才能从根本上保障企业的利益和发展。

3　令出如山，有令必行

曾经担任深圳万科企业股份有限公司董事长王石说过：“企业最缺的不是制度，而是制度的执行。”有制度没执行，制度就会成为一纸空文。在中国企业中，一个最大的问题就是制度多、执行少、执行不到位。难怪海尔集团总裁张瑞敏说：“制定一项好的制度不易，能够坚决执行则更重要。”

有个成语叫“令出如山”，意思是军事命令像山一样不可动摇。形容上司下达命令，下属坚决执行，不找借口，不得违抗。真正好的执行就应该如此，决不允许下属找借口，上司绝不能轻易向下属妥协。

美国著名的西点军校有一个流传很久的传统，学员回答军官问话时，只有四种回答：“报告长官，是。”“报告长官，不是。”“报告长官，不知道。”“报告长官，没有任何借口。”除此之外，未经允许不得多说一个字。两百多年来，“没有任何借口”是西点军校最重要的行为准则，它加强了军令的威信，强化了学员的执行力。

乔治·巴顿是美国陆军四星上将。有一次，他想提拔一名军官，但是没有合适的人选。于是，他把十名候选人叫来，对他们说：“伙计们，你们马上在仓库后面挖一条长 2.4 米、宽 1 米、深 16 厘米的战壕。”说完，巴顿就走进了仓库，偷偷地从缝隙中观察那些军官的反应。

巴顿发现，那些军官把铁锹和镐放在仓库后的地面上，坐在那里休息，嘴里还不停地议论着。有的人说：“16 厘米深的战壕有什么用？又不能做掩护。”有的人抱怨巴顿将军不该让军官们干普通士兵干的活。最后，有个军官站起来说：“让我们快点挖好战壕离开这儿吧，管那个古怪的老家伙让我们挖这个战壕干什么。”结果，这名军官被巴顿将军提拔了，而那些满腹怨言，消极怠工的军官们则受到了应有的处罚。

很明显，巴顿将军之所以提拔那位军官，是因为他服从命令，坚决执行，不找借口。而那些不服从命令的军官受到处罚，也显示了巴顿将军对下属决不妥协的决心。下属的服从力和执行力是管理者威严的体现，作为管理者，如果不能令出如山，就没有威严可言。康熙皇帝曾说过一句很经典的话：“大臣们可以你一言我一语地争论不休，皇帝却必须要独断专行。有时候正确与错误并不重要，重要的是天子要有天子的威严！”

同样，企业老板也应该有威严，发出一项命令之后，就要让员工坚决执行，绝不允许员工拖拖拉拉、打折扣地执行任务。只有这样，企业的决策才能落到实处，才能为企业带来效益，才能保证企业的发展。

例如，某一公司总经理对后勤部门的张主任说：“张主任，每年的这个季节都是火灾的高发期，去年就有一场大火把我们的邻居单位烧光了，损失惨重。今年我们一定要做好火灾的防范工作，避免发生火灾。”

张主任说：“明白了。最近几天我在忙手里的工作，过几天我就把你的话传达给全体员工。”

“好的，一定要快点传达给大家。”

张主任说：“放心吧，我会尽快传达你的意见。”

可是，张主任这一拖就是半个月，半个月后，张主任才向全体员工传达总经理要求大家防火的意见。但是之后不到3天，公司的厂房就失火了，很多原材料被烧毁。

总经理怒气冲天，把张主任叫了过来，对他怒吼道：“前些日子，我跟你说过，要让大家注意预防火灾，你有没有传达我的指令，你是怎么做的？”

张主任两眼干瞪着，说：“我……我……我跟大家说过啊，一定要把火灾的引发者找出来，要严惩……”

总经理这叫“令出如山”吗？当然不叫！令出如山是指命令发出之后，要让下属立即、马上去执行，而不是听到下属说“我最近有点忙，过几天再执行”后就妥协，尤其是重要的事情、重要的命令，一定要注意执行的时效性，一旦拖拉，就可能贻误时机，酿成大祸。

令出如山是指一定要让下属执行到位，而不是上司把话传达给下属就完事。针对上述的事件，总经理在下达命令后，张主任就应该立即制定相应的防范措施，比如，让张三检查一下灭火器，看看是否需要更新；让李四调查一下公司的防火系统，看看是否需要购买一台新的回来；让王五联系当地的消防部门，组织一次消防培训；再组织员工研究一下火灾的隐患在哪里，让大家加强防范。这才叫真正的执行，这才是令出如山。

管理者一定要像军官将领一样下达任务，做到令出如山。无论员工找什么借口，说什么理由，有什么困难，管理者都不能轻易改变已经发出的命令。管理者可以给员工提出建议，为员工执行提供条件，但绝不能允许员工拖泥带水，拖延执行。如果员工执行不力，就该挥泪斩“马谡”，当机立断。只有这样才能保证执行的效果，也才能树立管理者的威信和影响力。

4 任何时候都要显得从容不迫

一个优秀的领导者，一定要有从容不迫的大将风度，越是危机关头，越要沉着冷静，否则难担大任。我们可以假设这样一个场景：公司的产品质量不合格，众多媒体找上门来采访。领导者见到那场面，顿时就慌乱起来，回答记者提问时前言不搭后语，紧张地抓耳挠腮，说话也结结巴巴。下属们看在眼里，会作何感想呢？下属们肯定会想：大事不好了，公司要完蛋了！如此一来，他们还怎么能安心工作？

真正出色的领导者应该成为下属的“定心丸”，要发挥安抚人心的作用。越是在危机面前，越要处变不惊，这样的领导者才具有强大的气场，才能镇得住场面，才能赢得众人的佩服。关于这一点，我们不妨来看看坐拥千亿资产的李嘉诚是怎样应对意外事件的。

二十世纪八九十年代，李嘉诚在房地产行业玩得风生水起。然而，一起“吉屋白蜡烛”事件，却给李嘉诚带来了一次大危机。那是1994年秋，李嘉诚旗下承建的海怡半岛小区开盘了。这个楼盘的质量好、户型棒，加之李嘉诚的信誉很好，因此，前来看房的客户众多。

一天，当几个客户参观吉屋（香港称空屋为吉屋，含吉祥之意）时，发现偌大的吉屋里点着几支白蜡烛，顿时联想到死人丧礼，客户一个个被吓得魂飞魄散。吉屋一下子变成死屋，对李嘉诚的楼盘产生了很不好的影响。

面对这种不利的局面，李嘉诚没有抱怨下属办事不力，也没有埋怨客户小题大做，而是从容不迫的积极想办法化解危机。后来，他想了一个办法：在小区的东楼安装了几个激光发射仪器，到了晚上，整个屋顶就会焕发出五彩缤纷、形态各异的激光，从远处看去，蔚为壮观。

与此同时，李嘉诚也改变了营销策略，他把开发的楼宇分成两大块，一部分由公司的销售部销售，另一部分由各大楼宇销售代理商承包出售。通过积极的引导，促使各代理商之间实现良性竞争，使售楼工作进行得非常顺利。一时间，“白蜡烛”事件的负面影响消失得无影无踪。

对企业经营者来说，企业在发展过程中不可能一帆风顺，当你遇到意外事件时，当危机突然降临时，你一定要从容不迫地应对。有了这种心态，你才能更好地思考应对办法，在最短的时间内化解危机。

身为一名领导者，级别越高，就越要成为下属的心灵支柱，成为足以支撑所有一切的精神巨石，而不是一颗无足轻重的沙粒。领导者必须稳坐军中，镇定自若，无论风吹雨打，毫不动摇，就算动摇了，也要装作镇定自若。

晚清两代帝师翁同龢教导弟子时说：“每临大事有静气。”

他认为，自古以来，贤圣之人越是遇到惊天动地的大事、险事，越能做到心静如水、从容不迫、处变不惊。何谓静气呢？即泰山崩于前而色不变，麋鹿兴于左而目不瞬。通俗地讲，静气就是沉得住气、静得下心，再怎么慌乱，也要冷静自持。这一点在赵国宰相蔺相如身上也有经典的表现。

战国时代，秦国独强，各国都惧怕秦国，稍有不慎就被秦国打败，然后割让城池给秦国。赵国有一块和氏璧，相传价值连城，秦王得知这一消息后，就打起了和氏璧的主意。秦王派使者前往赵国，表明愿意用十五座城池换和氏璧。

赵王心想：秦王一向只想占便宜，从来不肯吃亏，这一次这么大方，肯定有问题。可是如果不答应秦王的要求，又担心秦王借此发兵；答应吧，又怕上当。赵王思来想去，不知道该怎么办，就和大臣们商量，可大臣们也想不出好办法。

这时蔺相如站了出来，自告奋勇地表示愿意带着和氏璧前往秦国面见秦王。秦王见到和氏璧后，爱不释手，大有占为己有的意念。蔺相如察言观色，深知秦王的小心思，于是谎称和氏璧有瑕疵，让他给秦王指出来。

然而，当蔺相如把和氏璧拿到手里之后，马上做出要摔碎的姿势，说：“秦王，如果你不讲道理，想霸占和氏璧，我蔺某就血溅七尺，连璧玉一起摔碎。到时候，玉碎了，大王的信用也碎了，人人都会指责您的不是。”

秦王讪讪地笑了笑，最终被蔺相如的处变不惊所折服。

古话说得好：“心有惊雷而面如平湖。”作为一名优秀的管理者，千万不能随便让人看出你的情绪，看出你内心的慌乱，看出你的不自信。否则，这对企业在竞争中取胜是极为不利的。试想一下，在面对竞争对手时，你显得慌乱不已，对方一眼就看出你的实力不济和信心不足，就会强势出击，直到取胜为止。反之，你从容不迫，信心十足，你的强大气场就有可能吓退竞争者。

身为管理者，还应明确一点：当你慌慌张张、手足无措时，你将会失去下属的尊敬和敬畏。他们对你只会感到失望，并暗暗嘲笑："你不过是一个经不起大事考验的人。"所以，无论是为了维护自身良好的形象，还是立足于企业发展的需要，你都有必要时刻保持从容不迫的精神状态。

5 精心挑选左膀右臂

看过古装剧的人都知道：任何一个帝王，都离不开左膀右臂，他们有文臣，有武将，而这其中又有一两个是自己最得力的助手。每逢大事来临，帝王无法定夺时，就会召集左膀右臂商议。如果没有左膀右臂，遇到什么事情领导者只能一个人去面对，一个人去顶着压力寻找对策，连一个商量的人都没有，那么任凭领导者的个人能力再强，也很难应对残酷的现实竞争。这一点我们不妨从诸葛亮身上去体会。

诸葛亮屡出奇谋，帮刘备三分天下，鞠躬尽瘁，死而后已。千百年来，他已经成为智慧的象征，长留于国人的心中。然而，蜀国还是灭亡了，而且是三国中最先灭亡的。为什么蜀国有这样的结局呢？其实，这里有诸葛亮的责任——没有挑选出自己的左膀右臂，没有培养出优秀的接班人。

自从刘备白帝城托孤以来，诸葛亮事必躬亲、不辞劳苦，但他唯独忽视了对左膀右臂的挑选和接班人的培养。当他用兵点将时，我们很难看到核心团队成员参与决策，大多数都是诸葛亮一个人在决策，致使广大谋臣缺乏实战决策的历练，造成后来蜀中无大将，廖化充先锋的局面。

尽管后来诸葛亮选定姜维为接班人，但主要是让他执行，至于该如何制定战略、如何处理内政等他并未悉心指导。诸葛亮如此做法，就连他的对手司马懿也连连摇头。司马懿说："孔明食少事烦，其能久乎！"意思是，每次吃得那么少，事务繁杂、事必躬亲，肯定活不长。果然，没多久诸葛亮就积劳成疾，在忧虑中死去。蜀国也随着他的逝世，急转直下，很快就灭亡了。

回到企业管理中来，今天的企业老板打天下也需要左膀右臂，正所谓："一个篱笆三个桩，一个好汉三个帮。"有几个得力的帮手，老板打天下就会轻松许多。联想的柳传志有杨元庆、郭为这两个帮手，海尔的张瑞敏有杨绵绵这个坚实臂膀，海信的周厚健有于淑敏这个得力干将。可以说，优秀的企业老板大都会有一个或多个"左膀右臂"。正是在这些左膀右臂的协助努力下，企业老板才能取得非凡的成就。

在 20 世纪 90 年代中期，柳传志就开始精心挑选左膀右臂，并将其培养成自己的接班人，而他的左膀右臂就是杨元庆和郭为。柳传志是怎么对待自己的左膀右臂的呢？他的主要做法是一方面让他们逐渐参与决策、参与管理，另一方面在价值观、思想方法甚至工作技巧等方面，与他们求得一致。

柳传志要求他们主动思考，把自己当成创造执行的发动机，而不能做被动式接受、传递的齿轮。在工作上，柳传志会指导他们，但是绝不代替他们。同时，柳传志还把权利、责任说得很清楚，然后放手让他们去施展才能，在工作中锻炼自己。

柳传志的做法有这样几个好处：一是群策群力，避免重大决策失误；二是让杨元庆和郭为有职有权，充分调动他们的积极性；三是当他们有能力独当一面时，柳传志可以腾出时间和精力去思考公司更重大、更长远的发展问题。

从如今联想的发展来看，柳传志的左膀右臂是十分出色的。先有杨元庆、郭为，后有朱立南、陈国栋、赵令欢，在他们合力辅助下，柳传志将整个联想集团带入了新的发展高度。

很多企业老总说："我找不到左膀右臂！"其实并不是找不到，而是在于不知道找谁做自己的左膀右臂，也不知道按照什么标准来挑选左膀右臂。那么，企业老板到底该如何挑选自己的左膀右臂呢？

在挑选左膀右臂之前，企业老板必须明确一点：你希望左膀右臂与你一起做好哪些事情？明确了这一点后，再考虑以下几个问题，并根据这几点来挑选优秀人才做你的左膀右臂。

第一个问题：对方是通才型人才，补充型人才，还是实干型人才？

通才型人才指的是知识面比较广，整合与创新能力比较强，善于出奇制胜。补充型人才指的是有比较突出的优势，能够补充你的不足，善于强化团队的优势。就如同海尔的张瑞敏与杨绵绵，一个善于制定宏观战略，一个擅长细节执行，两人合作，形成了不同性格与能力的互补。同样，索尼集团的井深大对盛田昭夫来说，也是互补充型人才，因为盛田昭夫擅长行销和管理，井深大擅长技术研究和开发。实干型人才指的是执行能力强，能够到位地执行战略决策，高质量地完成任务，这种人才是每个团队中都不可或缺的。当然，人才的种类是多种多样的，不仅仅局限于这三种，他们也可能是多种类型的混合体。如果他既是通才，又很实干，还能与你形成互补，那就最好不过了。

第二个问题：对方是否认同你的理念和价值观？

如果一个优秀的人才不认同你的价值观和经营理念，你可以先尝试慢慢影响他、说服他，当他认同了你的理念和价值观之后，方可将其培养成自己的左膀右臂。否则，即使他的能力再强，你也要慎用。日本“经营之神”、松下电器的创始人松下幸之助曾经说过：“如果你犯了一个错误，公司是会饶恕你的。然而，你背离公司的原则就会受到严厉的批评，直至解雇。”

第三个问题：对方是否有较高的忠诚度？

企业老板精心挑选左膀右臂，一定要看对方是否忠于自己，否则，无异于在自己身边安了一颗定时炸弹，随时都有爆炸的可能，对企业、对个人都会产生严重的威胁。不过，员工是否忠诚有其自身的原因，也有老板的原因。假如企业老板本身不具备让人忠诚的资本，如心胸狭隘、不听建议、处事不公、压制下属，那么又怎么让下属忠于自己呢？

第四个问题：对方是否有符合岗位需要的职业素养？

企业老板的左膀右臂经常要参与重大决策，他们必须拥有强烈的责任心，有良好的执行力，有较高的工作效率。当企业老总离开时，他们必须具有应对一切问题的决策能力、组织协调能力。

第五个问题：对方是否被广大员工所接受？

企业老总在选择左膀右臂时，一定要考察此人在员工中的受欢迎程度。如果大家对他的评价不高，不怎么喜欢这个人，那么至少说明这个人还不能服众，也很难凝聚人心，团结大众去完成目标。出现这种情况时，企业老总最好先考察这个员工不被大家接受的原因，只要此人的人品没问题，其他方面存在不足都可以慢慢帮他改，然后再重用他。

第六个问题：对方是否拥有持续的学习力？

企业老总在挑选左膀右臂时，应该重视对方的学习力。因为作为企业的重要人物，拥有良好的学习心态和学习能力十分重要。如果他有较强的学习力，那么他不仅可以学到应有的技能，而且他能随时从下属、从上司、从竞争对手那里学到有益的东西，为己所用。

对于以上六个问题，如果你对照要挑选的左膀右臂，给出的回答是肯定的，那么恭喜你，你可以重用他了。如果有些问题的回答是否定的，那么你可以有针对性地培养对方，使他达到重用的标准。

6 不要神化自己，偶尔暴露自己的缺点

在管理企业，与员工打交道的过程中，很多领导者往往竭力掩饰自身的种种缺陷与弱点，在下属面前树立一个“高大全”的形象，把自己神化成“不食人间烟火”“不与员工同流”的光辉形象。

殊不知，掩饰自身缺点、刻意美化形象很容易在领导者与员工之间制造一条心理鸿沟，使员工对领导者产生一种距离感，员工甚至会这样看待领导者：你不是很牛吗？我偏不服你，不配合你，看你牛得起来不？这样一来，团队凝聚力就无从谈起，团队战斗力就难以体现。

其实，与其刻意神化自己，不如适当暴露自己的缺点，让员工知道领导者也是普通人，而不是神；让员工知道，领导者也有不足，也需要他们的支持和帮助；让员工知道，领导者其实很谦虚，希望向他们学习。如此一来，领导者的个人魅力就增强了，领导力也会变得强大起来。这一点在著名的 NBA 球星迈克尔·乔丹身上表现得特别明显。

众所周知，迈克尔·乔丹被誉为“世界篮坛巨人”，他在球队里是毫无争议的领袖，在广大球迷以及很多队友眼中，他被神化成无所不能的球星。可是乔丹不这么认为，他意识到如果要想芝加哥公牛队连续夺得总冠军，就必须推倒“乔丹偶像”这一形象，以证明公牛队不是他一个人的球队，而是整个

团队的球队。

乔丹的队友斯科蒂·皮蓬也是NBA中的一名超级球星，当人们狂热地追捧乔丹时，皮蓬的心理无疑会受到不良的影响。为了打造一个有凝聚力的团队，乔丹主动向皮蓬暴露了自己的缺点的同时指出皮蓬的优点，激发了皮蓬的自信心。

在一次训练中，乔丹主动与皮蓬聊了起来，他问皮蓬：“咱俩的3分球谁的更好？”

皮蓬说：“那还用说，当然是你。”

“不，是你！”乔丹肯定地说，“虽然我投3分的命中率比你高一点，可是你投3分的动作比我要规范、自然得多，在这方面，你的天赋远胜过我，相信以后你还会做得更好，而我投3分是个弱点，以后必须改善一下。”

接着，乔丹说：“我扣篮的时候习惯性地用右手，即便是左手扣篮，也会习惯性地用右手帮一下。我左手扣篮能力不好，这是我的一个重大的缺陷，而你呢，左、右手都能扣篮，甚至左手扣篮比右手还要好一些。”

这些细节皮蓬从来都没发现，通过这次对话，皮蓬对乔丹有了更多的敬佩，他明白自己与乔丹相比有哪些优势。从此以后，在乔丹的鼓励下，皮蓬的团队协作意识越来越强，在球场上表现得越来越好，和乔丹的关系也变得越来越融洽。正因为如此，NBA的历史上才会有“公牛王朝”。

领导者主动暴露弱点，毫无保留地向他人展示真实的自我，这体现出领导者的坦荡和谦逊。这样做可以让团队成员明白，领导者虽然优秀，但也并非是完美的，也有缺点和不足，需要支持和帮助。暴露了缺点和不足，可以向团队成员表明：你是一个真实的、可接近的人，而不是一个无所不能的神。

一位经理在管理上非常有才能，但他的缺点是性格火暴，当下属犯错时，他就会不顾情面地一顿猛“批”。为此，下属们都不太愿意接近他，甚至有些害怕他。后来，在一次部门会议上，他很动情地说：“我这人，从小就是‘牛脾气’，发作起来就会让别人难堪。我下决心改了十几年，还是没改掉。今后，如果我‘牛气’上来了，拜托大家用力顶回去，谁帮我改掉了‘牛气’，我就把我的年终奖给他。”从那以后，大家再也不把他的“牛脾气”放在心上，相反，大家经常在他发作的时候，笑嘻嘻地和他开玩笑：“经理，我们看到了一头发疯的牛。”

领导者身上如果有些弱点，改又改不了，就无须回避、遮掩了，不如坦率地自我揭发，自我曝光，这样下属反而觉得你为人坦诚，进而谅解你，觉得你有亲和力。

每个团队的领导者都希望自己手下都是精兵强将，能帮助自己的事业不断飞跃，让自己能够获得更大的提升空间。因此，你不妨借鉴一下乔丹的做法，主动暴露自己的缺陷和不足，肯定别人的闪光点，或者出点小“洋相”，表明自己不是一个高高在上、十全十美的人，这样不但可以使你变得更容易接近，有时候还会使别人不与你为敌。

有一位记者去拜访一位企业家，目的是获得有关他的一些丑闻。因此，他带着一连串的质问气势汹汹而来。简单地寒暄之后，这位企业家对记者说：“时间还很充足，我们可以慢慢聊。”这种从容不迫的姿态让记者大感意外。

片刻之后，秘书端来咖啡，这位企业家端起咖啡喝了一口，立即惊慌失措地把咖啡放下来，嘴里嚷道："啊！好烫啊！"咖啡洒了一桌子。等秘书收拾好之后，企业家拿了一支香烟放入嘴里，但是记者发现，企业家居然从过滤嘴一头点火。于是他赶紧提醒道："先生，你的香烟拿反了。"企业家听到提醒，才慌忙地把香烟拿正，不料又将烟灰缸碰翻在地。

在商界中叱咤风云的企业家，居然出了一连串的"洋相"，让记者大感意外。不知不觉中，记者原来的那种挑情绪完全消失了，甚至觉得企业家也不过如此。其实，这些都是企业家刻意安排的，他就是想以此弱化记者的挑战情绪——他的目的达到了。

在很多人的印象中，领导者总是"高大全"，如果领导者能主动暴露自己的缺点，就很容易消除普通人对领导者的仰视姿态，甚至会对领导者产生一种亲近感。因此，身为领导者，你应该让部下看清你也是一个普通人，这对融洽部属关系、团结部下会有很好的效果。

在企业界，职位越高的人往往越容易相信：自己比别人更重要，或者更聪明。SGS汤普生微电子公司的总裁比尔·马尼拉曾经说过："当务之急是我们应该把自己从职位、头衔以及过去的成见中抽身出来。从新的角度去看，其实每个人都是领导者。"

这些成功人士的话都在提醒我们：身为企业的领导者，有必要把自己视为一个普通人，一个与员工毫无区别的普通人，而不要自以为是、高高在上，甚至刻意地神化自己。这样，才能成为一个有亲和力的领导者。

当然，在暴露自身弱点的时候，要有所选择，对于那些致命的缺点，永远不要暴露。刻意被暴露出来的弱点，应该是那些无关紧要的缺点，或者挑选从某种意义上可被视为优点的“弱点”来暴露。

7 带人要刚柔并济，做领导要软硬兼施

清朝忠臣曾国藩曾说：“太柔则靡，太刚则折；刚自柔出，柔能克刚。”身为领导者，既不能太刚、太强硬，也不能太软弱、太柔和，明智的做法是把握好刚与柔、硬与软之间的平衡，实行“两手抓”战略，一刚一柔，一硬一软，刚柔并济、软硬兼施。

之所以要一刚一柔、一硬一软，是因为刚硬有助于维护领导者的权威，有利于强化员工的执行力，而柔和有助于增强领导的亲和力，有利于拉近与员工的距离，便于激励员工。以企业决策来说，领导者的刚硬体现在绝对的决策权和说一不二的作风，而领导者的柔和则体现在尊重下属的意见，鼓励下属自由发言。以处理内部关系来说，领导者的刚硬体现在严格分清上下级关系与职责，不得逾越；领导者的柔和则体现在积极帮助下属分忧，体贴关怀下属。

刚柔并济、软硬兼施，既能确保企业运作的井井有条，又能稳定内部的团结协作。清代著名的“红顶商人”胡雪岩就把这一招运用得非常绝妙，让下属不得不佩服。

胡雪岩早年在阜康钱庄打工，得到了钱庄于老板的欣赏和栽培。于老板就像胡雪岩的父亲一样，将他视为钱庄的接班人。他在临死时将阜康钱庄托付给了胡雪岩。胡雪岩将于老板安葬之后，又花了两个多月的时间祭奠他，前前后后总共花了三个月时间。

三个月后，胡雪岩回到钱庄，第一件事就是召集大家开会。在会上，他说："于老板走了，大家都很伤心，我守孝三个月，虽然在这段时间内，我没有过问具体的事情，但大家这三个月做了什么，怎么做的，我都心知肚明，有些人趁机偷懒，我也知道，但是我不为难大家，只希望大家跟着我好好干。从今往后，每个人的工资在目前基础上增加10%。"

看似平常的一番话，充满了软中带硬的意味，既震慑了偷奸耍滑者，又笼络了人心。

从这个案例中，我们可以看到胡雪岩在带人、驭人方面的艺术，他通过恩威并施的做法，表现出刚柔并济的手腕，既向下属晓以利害，又郑重其事地劝慰下属，只要大家跟着他认真干，自己一定会好好对待他们。

在管理中，无论是对员工"软"还是对员工"硬"，都不可以绝对化，而应该两者兼之。因为一味地"软"，会导致企业管理的混乱和领导者的权威受损，以及下属胆大妄为、肆无忌惮地有令不行，使企业陷入危机之中。而一味地"硬"，则容易造成领导者专权独断，引起下属的恐惧心理，还会挫伤员工的积极性，甚至激起员工的反抗情绪，从而造成上下级关系的"冰冻状态"。只有刚柔并济、软硬兼施，才是最可靠的领导方式。

通用公司前总裁杰克·韦尔奇是一位忠于原则和底线，又忠于结果的领导者。当年他新官上任，就公开宣布：通用公司在销售市场上必须进入前两名，如果无法进入前两名，将会面临破产的命运。

对于韦尔奇的高要求，很多员工抱怨他要求太高。但是韦尔奇不为所动，无论产品销售的业绩如何，他总是嫌不够，一时间，让人觉得他很没有人情味。但事实上，韦尔奇并非是没有人情味的领导，他也注重温柔待人。

一天，有一位中层经理在韦尔奇面前作报告，由于紧张过度，他的两腿不停地抖动。韦尔奇发现这一情况后，就问他怎么回事，为什么如此紧张。这位经理坦白地说：“我太太跟我说，如果这次报告失败了，我就完了。”

韦尔奇听后，马上安慰他，还让人拿来一瓶最高级的香槟和一束红玫瑰送给这位经理的太太，并附上一张便条，上面是韦尔奇亲笔写的一句话：“你先生的报告非常成功，我们非常抱歉害得他在最近几星期忙得一塌糊涂。”这件事让这位经理和他的太太十分感动。

太强硬的领导者，会让人敬而远之；太软弱的领导者，会让人觉得懦弱无能。只有懂得刚柔并济，才能达到让下属又爱又敬又惧怕的效果。不过，什么时候该“刚”，什么时候该“柔”，什么时候该“软”，什么时候该“硬”，领导者需要拿捏准确。只有运用得当，才会获得圆满成功。

值得注意的是，领导者在表达“刚”的时候，如果夹杂一些“柔”的成分，会使你显得有情有义。例如，当下属亲近领导者，向领导者表达意见或建议时，领导者应该对下属的行为表达肯定和欣赏，保护下属的积极性。如果领导者正襟危坐、不理不睬，那么下属的积极性就会受到打击。

同样的道理，在对下属表达“柔”的同时，也应该在合适的时候表达自己的“刚”。比如，下属犯了原则性的错误，你就要来硬的，就要“唱黑脸”，表现出铁面无私，秉公执法，该批评的批评，该惩罚的惩罚。只有在该“刚”的时候“刚”，在该“柔”的时候“柔”，做到刚柔并济，才能更好地驾驭下属，把企业管理得更好。

SOME TIPS FOR TEAM MANAGEMENT

第二章

管人管事，管到心里去

世界上最难驾驭的是人心，管好了人心，管理的成本就能降到最低。要想员工真正信服你、支持你，被你的人格魅力深深影响，你必须从员工的内心出发，最终实现员工的自我管理、自我发展和自我进步，只有这样，你的企业才会蒸蒸日上。

1　是做“大哥”还是做“领导”

很多领导者认为，越平易近人，越容易和下属打成一片。于是，他们喜欢和下属称兄道弟，无所不谈。这种做法貌似可以与下属保持良好的沟通，与下属保持融洽的关系，但实际上会产生很多不良的影响。

我们可以想象，当领导者与下属称兄道弟时，原本的上下级关系就变成了平等关系，平等关系之下，下属就很容易表现得随意，说话不经大脑思考，做事仅凭一时冲动，不知不觉间就会损害领导的威严，败坏公司的风气，让人觉得公司上下“没大没小”、不守规矩，没有公司的样子。如果这种感觉来自于客户的印象，那么这是否会影响你们公司与客户的下一步合作呢?

张敏是某服装设计公司的部门经理，她有一个下属叫小英，两人非常合得来，不光在工作上珠联璧合，在个人爱好上也有惊人的相似。例如，她们都喜欢穿职业装，都喜欢喝星巴克咖啡，都喜欢听蔡琴的歌……因此，两人在一起的时间比较多。

有一次，两人不约而同地穿了款式相同、颜色不同的裙子，当她们在更衣室里相遇时，小英一脸坏笑地叫张敏“老妖精”（张敏比小英大3岁），张敏“嘿嘿”一笑，毫不在意。

办公室是多事之地，张敏与小英的亲密自然招致了其他员工的非议。从此，张敏有意识地与小英保持距离，可小英没有领会张敏的意思，还是一如既往地“没大没小”。

一天，张敏在办公室接待一位客户，小英直接推门进来，以为没人就冲着张敏喊道：“嗨，老妖精，今晚去看电影吧？票我都搞定了。”张敏的脸色立即变得不自然，只说了句：“你像什么样子？进来也不敲门，一点礼貌都没有。”小英发现情况不对，眼睛一扫，这才发现办公室宽大的沙发上坐着一个人……

看完上面的例子，再回想一下自己，身为公司领导的你，是否经常与下属共同出入各种社交场合？你是否对某位知心的下属无话不谈？你是否当着众人的面与下属“打情骂俏”？如果这几种情况在你身上都出现了，那么，危险的信号灯已经亮了，你应该立即转变观念，定位好自己的角色，与下属保持一定的距离。

我们可以想象一下，如果你的下属当着众人的面，不尊称你“领导”，而是随意地喊你“大哥”，以显示与你关系特殊，其他员工会作何感想？领导者再平易近人，毕竟还是领导者，是领导者就需要一定的威严。而下属当众喊你“大哥”“大姐”，只会破坏你在众人心中的威严，损害你的领导形象。等到有一天，下属们不再听从你的命令，不再服从你的安排时，你可千万不要感到气愤，因为这一切都是你自己造成的。

老钱是一家电子厂的生产主管，平日里他与下属打成一片，一起吃饭，一起打牌，一起侃大山。在工作中，老钱也把这种平易近人表现得淋漓尽致，时间久了，下属们都把他当成大哥，而不是把他当成上司。当老钱安排工作时，下属们嘻嘻哈哈的，有的下属还会讨价还价。有时候下属没能及时完成工作，老钱也不好意思催促太紧，结果下属一拖再拖，严重影响工作进度。

后来老钱的上司得知这一情况后，痛批了老钱一顿，老钱心里窝火，把没有及时完成工作的下属痛骂了一顿。原本他只是发泄内心的怒火，但没想到，下属根本没把老钱放在眼里，居然和老钱大吵起来，结果闹得沸沸扬扬，让老钱威严扫地、形象大损。

在日常的管理中，你是否听到员工这样议论：头儿这几天怎么回事？前几天还与我们一起吃饭喝酒，这几天怎么黑着脸，见谁就训。一会儿把我们当小弟，一会儿把我们当下属，真不知道该怎样与他相处。

一边是下属不知道该怎样与领导相处，一边是领导者不知道该以怎样的角色与下属相处，到底是该做下属的“大哥”，还是做下属的领导呢？如果不搞清楚这个问题，给自己一个准确的定位，是不可能当好领导者的。

要知道，管理者与普通员工毕竟是不同的，扮演的角色也不同。管理者要面对的是一群下属，对待这些下属要做到一视同仁，平等对待，如果你仅对某几个员工很亲近，就会给其他人造成一种不公平的印象。而且，管理者最出力不讨好的事情是纠正下属的错误。如果你既想当好领导，又想当下属的朋友，那么你又怎么做管理呢?

所以，领导者要学会转变自己的角色，要做到公私分明。在工作中，你就要有当领导的样子。当下属犯错时，你以一个领导者的身份去批评教育下属，相信下属不会对你有任何怨言。而在工作之余，如果你与某位下属玩得来，你们完全可以成为玩伴，成为朋友，谁也没有权利干涉你的交友自由。这样才能树立威信，带好团队，做好管理者该做的工作。

2　好的管理者必须是一个心理大师

有些管理者深得民心，走到哪里都能被欢声笑语、掌声鲜花围绕。在他们下达命令之后，下属绝对服从，立即执行。而有些管理者不得人心，他们所到之处，周围员工死气沉沉，当他们离开之后，大家则背后议论、抱怨。在他们下达命令之后，下属们磨磨蹭蹭，不愿意行动起来。同样是在企业管理界“混”的两种人，怎么受到的待遇差距这么大呢?

其实，他们的差距在于：前一种管理者懂管理，后一种管理者不懂管理。要想懂管理，必须懂人的心理，并根据人的不同心理，采取有针对性的管理方法，这样才能管理好团队。世界上，但凡优秀的管理大师，他们首先都是一个心理大师。因为只有懂人的心理，管理者才能与下属更好地相处、沟通，才能游刃有余地驾驭下属，才能更好地激励下属。

我国无产阶级革命家、政治家陈云同志曾经指出："领导艺术在于了解群众的心理。"如果你想成为优秀的领导者，你就应该学习丰富的心理学知识，了解下属的心理，在管理中，从员工的心理出发进行管理。这才是有效的管理方法，也是管理的最高境界。

1981年，由于市场萎缩，美国马萨诸塞州巴莫尔的戴蒙德国际纸板箱厂的效益糟糕，工人们十分担心自己的前途，工作状态低迷，一个个唉声叹气、抱怨连连。

公司管理层看到这种状况，心中十分担忧。他们聘请专业的调查人员对全体员工做了一场对企业满意度的调查，调查结果显示：65%的员工不愿意尊重公司的管理层；56%的员工对工作感到悲观；79%的员工认为自己的付出没有得到应有的报酬。

针对这个调查结果，管理层推出了"100分俱乐部"计划，即无论哪位员工，只要一年下来，所取得的工作绩效高于公司规定的平均水平，就可以得到相应的奖励。业绩高出平均水平越多，所获得的奖励额度越大，并且还能获得一件印有公司标志和"100分俱乐部"臂章的浅蓝色的夹克衫，象征着公司的认可，是一种荣誉。

两年后，工厂的生产效率提高了16.5%，产品质量差错率下降了40%，员工对企业的不满减少了72%，公司生产事故造成的时间损失减少了43.7%，公司的利润比往年增长了100多万美元。

这个案例充分说明，要想把企业管理好，把员工管理好，管理者就必须充分了解员工的心理，针对员工的心理需求下手，才能调动他们的工作积极性，从而提高企业的经营效益。

心理学研究证明，一个人的心理需求是其动力的最大来源，每个人都希望被尊重、被信任和被重视。这种心理需求很容易产生，也很容易满足。作为管理者，应该在第一时间发现员工的心理，并采取有力的措施来满足它，这样员工才会产生很强的动力。

沃尔玛公司十分重视关心员工，他们把员工称为合伙人，并注意倾听他们的意见。沃尔玛的创始人萨姆·沃尔顿曾对公司的管理者们说："管理的关键在于深入商店，听一听各个合伙人要讲的是什么。那些最妙的主意都是店员和伙计们想出来的。"

在萨姆·沃尔顿看来，只有管理者真诚地尊敬、亲切地对待自己的员工，了解员工的为人，了解他们的家庭，了解他们的困难和他们对公司的期望，尊重和欣赏他们，表现出对他们的关心，才能帮助他们成长和发展。他本人经常飞往世界各地的分公司，询问基层员工的想法，通过与他们聊天，了解他们的需要。这样很好地让员工感受到公司的尊重、重视和关心，从而把企业当成自己的家，认真对待工作。

作为一名企业管理者，贵在知道员工的需求，并懂得如何满足他们的需求。每个员工都有不同的需求，公司无法一一满足，但若能寻找他们的共性需求予以满足，这就相当于给他们吃了一颗定心丸。员工的共性需求得到了满足，他们就会对企业产生归属感，忠诚度也会大大提高，他们就会对企业产生一种割舍不断的感情，心甘情愿、一如既往地为企业效力，最大限度地发挥自己的能量、做出自己最大的贡献。那么，什么是员工的共性需求呢？

共性需求 1：渴望有稳定的、不错的收入

工作是为了什么，这一点不言自明。说得俗一点，工作不过是为了混口饭吃，为了养家糊口，每个员工都渴望获得理想的收入。怎样才是理想的收入呢？一般来说，员工渴望现在的收入比过去的收入高，渴望自己的收入比自己的家人、亲戚、朋友等社交圈子里的人的收入高，渴望自己的收入比同岗位者的收入高。如果员工的收入能满足这几点，他们往往会感觉较好，可见，员工的收入除了满足生存的条件外，更多的是一种比较之后的主观感受。作为管理者，在给员工设定薪资时，有必要了解员工过去的收入、员工社交圈子的大概收入以及同行同一岗位的大概收入，这样便于制定出让员工满意的薪资。

共性需求 2：渴望一个能够发挥自己能力的舞台

在工作中，每个员工都渴望获得成就感，即把自己的知识用在工作上，把自己的能力发挥出来，把自己的智慧彰显出来。因此，每个员工都渴望有机会、有舞台展示自己的能力，体现自己的价值。作为管理者，有必要结合员工的能力，把他们安排在适合自己的岗位上，使他们有机会解决实际工作中的问题，为企业创造价值。如果员工在自己不喜欢、不适合的岗位上工作，他们是不会快乐的，他们的能力也无法好好发挥出来。

共性需求3：渴望有一个发展成长的空间

在员工把自己的知识、智慧、能力发挥出来的同时，他们还渴望学习新知识、提高自己的能力、增长自己的智慧，这样他们才会感觉自己在成长、在进步。否则，员工就会有一种被掏空的感觉，从而缺少安全感。

如果企业纯粹是一个机械性的工厂，而不是一个学习型的组织，它是很难留住人才的。现实中，有这样一种现象：当企业发展到一定的规模后，不少骨干纷纷跳槽，或自立门户，原因就是企业不能满足他们成长的需要，所以，管理者要重视员工培训，这比高薪留人更能满足员工成长的需求。

共性需求4：获得欣赏、认可和赞美

心理学家威廉·杰姆斯曾经说过："人性最深层的需要就是渴望别人的赞赏。"每个员工都渴望获得领导者的欣赏、认可和赞美，这可以激发他们的工作激情，使他们对工作更有信心、更有责任感、更有创造性。

共性需求5：要有一个健康愉快的工作环境

作为企业的员工，没有人不希望自己所处的环境是和谐愉悦、轻松快乐的。如果工作在一个尔虞我诈、钩心斗角的企业环境中，即使员工有再多的收入，他们也不会快乐地工作，不会长久地为企业效力。这就是人们常说的"快乐是金钱买不到的”，所以，管理者要重视营造良好的企业环境，要把企业环境中不和谐的因素消除掉。

3 用人不疑，疑人不用

几乎每个管理者都听说过这样一句话：“用人不疑，疑人不用。”所谓用人不疑，首先是指对所用之人的能力、人品不存疑虑，敢于把工作交付于他，并坚信他能做好。在被授权者完成这项工作的过程中，无论外界如何质疑，授权者一直要对被授权者保持信任。

其次，即使被授权者工作出现失误，授权者对他依然要保持信任。领导与员工之间并没有血缘关系，维系双方的纯粹是利害关系，唯有双方利益都得到满足，合作才能友好地进行下去。反之，一旦平衡状态被打破，上下级之间的矛盾便会随之凸显出来，从而阻碍企业的长远发展。

秦武王想攻打韩国时，任命甘茂为主将，甘茂在出发前对秦武王说：“韩国宜阳是一座大城，加上途中有很多艰难险阻，与秦国相差千里，攻打起来恐怕不容易。我真的很担心，我出征之后，会不会有人借此机会诽谤我。”

秦武王说：“不会的，你放心地去吧！”

甘茂说：“从前，有个与孔子弟子曾参同名的人杀了人，听者以讹传讹，最后传到了曾参母亲的耳朵里。曾母绝不相信儿子杀了人，但是接二连三有人来报告同一件事，她就开始担心起来，于是劝儿子出逃。”

说完这个故事，甘茂接着说：“我的人品不如曾参，大王对我的信任也不如曾母对儿子的信任。而且，怀疑我的人不止三个，所以，我很担心，一旦我没有顺利攻下宜阳，就有人进谗言陷害我。”

秦武王听了甘茂的话之后，斩钉截铁地说：“你放心，我绝对不会听信谗言，我愿意发誓。”于是，甘茂率军进攻宜阳去了。开战之后，一晃就是5个月，甘茂用了5个月的时间也没有攻下宜阳，这时候有人开始进言伤害他。秦武王把甘茂之前对他说的话忘得一干二净，也把自己的誓言忘掉了，他把甘茂召回来。甘茂非常生气，质问秦武王：“大王难道忘了你的承诺吗?”

这时秦武王才想起之前的承诺，马上改变态度，动员全军支援甘茂。最后，甘茂不负众望，攻下了宜阳。

在这个故事中，秦武王所犯的错误，也是很多管理者常犯的错误。在一开始授权时，信誓旦旦，表示信任下属，一旦下属执行遇到困难，就开始质疑下属的能力。值得庆幸的是，秦武王及时醒悟过来了，但现实中，又有多少管理者迷途知返呢?

信任是管理者与下属之间一种最可贵的感情，管理者用人的前提是信任下属，因为只有信任下属，管理者才放心把工作交给下属；只有信任下属，才能激发下属发挥积极性、主动性、创造性，这样下属才能把工作做好。

不少领导者在分权、授权的过程中，不信任下属，尽管权力下放了，但常常出手干涉，下属被束缚住手脚，自然无法放手去干，久而久之，上下级之间不可避免地产生嫌隙。实事求是地说，这种做法对于企业的发展是非常不利的。所谓“疑人不用，用人不疑”，领导者在用人以及授权时，要敢于信任下属，大胆放心地让他们去干，去负责，只有这样才能在调动他们工作积极性的同时，赢得员工们的真心拥戴。

台湾著名企业家郭台铭在这一点上便十分值得我们学习。2004 年，位于墨西哥的一家摩托罗拉工厂被并购，郭台铭打算借此在墨西哥打造属于自己的生产制造基地，此时，摆在他面前的首要问题便是用人，是任用墨西哥人还是派出自己的亲信去管理？经过深思熟虑，他选择了前者。

古人云“将在外君命有所不受”，墨西哥这家工厂可谓“山高皇帝远”，一旦用人失误，很可能会形成割据小王国。郭台铭并非没有意识到这一点，但既然任用墨西哥人，就要本着用人不疑、疑人不用的原则，总是怀疑下属只会把事情搞砸。

从生产技术上看，墨西哥的自动化工作还远远不到位，“不良率 1%”是鸿海集团的基本要求，但到了墨西哥人眼中便成了最佳生产状况。为了帮助他们走上正轨，郭台铭派下属过去指导，指导人员与墨西哥方面负责人详细沟通，耐心对话，组织墨西哥方面的人员亲身感受鸿海集团的企业文化和工作氛围。

事实证明，郭台铭这种用人不疑的做法是十分明智的，对墨西哥人的信任，不仅让他把生产基地搬到了墨西哥，还把管理制度以及企业文化等无形资源也复制了过去。更为重要的是，在此过程中，他赢得了该厂一大批管理者的忠诚和拥戴。

但信任也要有一个限度，过于宠信下属很容易形成“诸侯林立”的局面，一旦失去控制，领导人很容易被架空，所以，管理者在使用人才，信任下属的基础上，还要保持一定的怀疑。在信任对方的同时时刻保持警惕，随时做好对下属的监控管理工作。

4 知人善任，别让千里马去拉磨

得人才者得天下，失人才者失天下。企业的强大，不仅在于领导者自身的智慧超群，更在于领导者的独具慧眼，懂得将人才放在正确的位置上，充分借用人才的智慧为己所用。正如古人所言：“善集众人之智慧于一身者，方能成大事。”

在一次宴会上，唐太宗问吏部尚书王珐：“你善于鉴别人才，尤其善于评论。你不妨对房玄龄等人做些评论，点评一下他们的优缺点。再者，与他们相比较，你在哪些方面更优秀呢？”

王珐说：“孜孜不倦地办公，一心为国操劳，凡所知道的事没有不尽心尽力去做，这方面我比不上房玄龄；常常留心于向皇上直言建议，认为皇上能力德行比不上尧舜很丢面子，这方面我比不上魏征；文武全才，既可以在外带兵打仗做将军，又可以进入朝廷搞管理担任宰相，这方面我比不上李靖；向皇上报告国家公务，详细明了，宣布皇上的命令或者转达下属官员的汇报，能坚持做到公平公正，这方面我不如温彦博……至于批评贪官污吏，表扬清正廉署，疾恶如仇，好善喜乐，在这些方面与那几位相比，算得上是我的优势。”

唐太宗对王珐的话深表赞同，大臣们也认为王珐说得有道理，完全道出了他们的心声。

表面上看，王珐是在评论唐太宗手下的几位优秀部属，实际上王珐的评论说明了唐太宗懂得知人善任，把各有所长的优秀人才放在了正确的位置上，使他们能够发挥自己的所长，为国家的繁荣强盛做贡献。

清代学者魏源曾说：“不知人之短，不知人之长，不知人长中之短，不知人短中之长，则不可以用人。”唐太宗之所以能够正确用人，关键在于他懂得识别人才，明确各个人才的“长”与“短”。在这一点上，楚霸王项羽就明显不如刘邦，项羽看不到亚父范增的长处，最后逼走了范增；看不到韩信的优点，最后放走了韩信。白白失去了两位“千里马”，使得自己在楚汉之争中失去了左膀右臂。

相比之下，刘邦就聪明得多，他认识到了萧何、张良和韩信各自的优势，把他们安排在正确的位置上，让他们各司其职，充分发挥优势，这才有了汉室江山，也才有了刘邦的千古名言：“运筹帷幄之中、决胜于千里之外，我不如张良；善用人才，治理国家、安抚百姓、为军队提供补充，我不如萧何；率百万之众，战必胜、攻必取，我不如韩信。此三人，皆人中豪杰，为我所用，是我取得天下的得力助手。”

夺取天下、治理国家需要知人善任，管理企业同样需要知人善任。在如今这个瞬息万变的时代，商业领域的竞争越来越激烈，而这种激烈的商业竞争，归根结底是人才之间的竞争。李嘉诚曾说过，企业最宝贵的是人才，对任何企业来说，用好人，用对人，是在商业中取胜的关键。在用人方面，李嘉诚给管理者们树立了榜样，他善于发现人才及人才的长处，能够把人才放在最合适的位置上，对他们委以重任，而这种用人策略是他管理企业的关键。

在长江实业的管理层中，霍建宁是我们不得不提的一个人，他有着“打工皇帝”之称，据说他是香港赚钱最多的打工者。他还被媒体称为“浑身长满赚钱细胞的人”。他之所以能赚取高额的年薪，是因为他对长江实业做出了巨大的贡献。

1979 年，霍建宁从美国留学归来，随后进入了长江实业集团担任会计主任。后来，他考得澳洲会计师资格，1985 年，被委任为长江实业的董事。1993 年，马世民从和记黄埔董事总经理一职上退下，霍建宁走马上任。通过不断地改组，收购了加拿大赫斯基石油公司 96% 的股权，成功地扭转了和记黄埔亏损的局面，而且获得了非常可观的利润。

之后，霍建宁趁赫斯基表现良好，顺势而为，在加拿大上市，使集团从中获利 65 亿港元。1999 年末，记黄埔将 Orange

转售，一次性获利1173亿港元，在这次谈判中，霍建宁立下了汗马功劳。

在香港，人们称霍建宁是靠头脑吃饭的“食脑族”，从他所获的高额年薪上，充分看出李嘉诚对人才的正确使用。可以说，把人才放在最恰当的位置上，这是李嘉诚不拘一格用人的一贯表现。

李嘉诚曾经在总结自己的用人心得时说：“大部分的人都会有长处、短处，好像大象食量以斗计，蚂蚁一小勺便足够。各尽所能、各得所需，以量材而用为原则；又像一部机器，假如主要的机件需要用五百匹马力去发动，虽然半匹马力与五百匹相比是小得多，但也能发挥其一部分作用。”李嘉诚这一番话透彻地点出了他的用人之道。

李嘉诚还说过：“就如在战场，每个战斗单位都有其作用，而主帅未必对每一种武器的操作都比士兵纯熟，但最重要的是，首领要十分清楚每种武器及每支部队所能发挥的作用……统帅只有明白整个局面，才能出色地统筹和指挥下属，使他们发挥最大的长处以取得最好的效果。”可以说，李嘉诚成功的关键在于他懂得知人善任。

如果你想成为出色的管理者，想成为优秀的企业家，那么请像唐太宗、刘邦、李嘉诚那样知人善任，而不要像项羽那样让千里马去拉磨，唯有如此，才能集众多优秀人才的智慧于一身，将你的团队战斗力发挥到最大化，从而实现你的企业战略目标。

5 欣赏能力比自己强的下属

有这样一个笑话值得管理者们深思：

话说武大郎开了一个炊饼店，炊饼店开张那天，武松请来县里头最有脸面的人物来剪彩，还请锣鼓队来助兴，场面十分热闹。开张几天后，炊饼店的生意好得出奇，武大郎和妻子实在忙不过来，就决定招聘两名伙计。消息传出之后，应聘者云集，但是当大家看到招聘告示之后，一个个扫兴而去。原来，这个告示上写着：凡是应聘者，身高不能高于武大郎。

这就是歇后语“武大郎开店——高我者不用”的由来，它说的就是嫉贤妒能者不敢用水平比自己高的人，怕水平高的人抢了自己的饭碗。武大郎作为店老板都害怕伙计的能力比自己强，那么对于当今社会竞争激烈的职场管理者来说，让他们欣赏并重用能力比自己强的下属就更加困难了。

不过，如果你想成为一名优秀的管理者，那么当你遇到比自己能力强的下属时，你首先应该承认这个现实。尽管这位下属可能有一天成为你的上司，但当下他还是你的下属，对你来说，最关键的是看你怎么任用他，让他为企业创造更大的价值。

奥美广告公司前总裁大卫·奥格威曾说过：“如果你永远都起用比你水平低的人，那么你必将成为弱者。”他用这句话告诫管理者：用人时不要嫉贤妒能，而要敢于任用比自己强的人才，只有这样，公司才能做大做强。

有一次在公司董事会上，奥格威在每位董事的桌前放了一个玩具娃娃。董事们都不知道他到底想干什么，他解释道：“每个娃娃都代表你们自己，大家不妨打开看看。”董事们打开玩具娃娃，惊讶地发现里面还有一个小的玩具娃娃；再打开它，里面还有一个更小的玩具娃娃。就这样一层层地打开，到最后娃娃里放了一张纸条，上面写着：“如果领导者永远都只起用比自己水平低的人，那我们的公司将一步步沦为侏儒公司；如果我们都有胆量和气度任用比自己更强的人，那我们就能成为巨人公司。”

古人云：“下君之策尽自之力，中君之策尽人之力，上君之策尽人之智。”英明的领导者善于借用大家的智慧和力量来完成想要完成的目标，哪怕别人的能力强于自己，他们也有一颗包容之心，绝不会嫉贤妒能，这是一种健康心态的表现，也是一种宽广胸襟的表现。

美国“钢铁大王”安德鲁·卡内基曾经说过：“你可以把我的工厂、设备、资金全部夺去，只要保留我的组织和人员，几年后我仍将是钢铁大王。”在他逝世后，人们在他的墓碑上刻了这样一段文字：“这里安葬着一个人，他最擅长把那些强过自己的人，组织到为他服务的管理机构之中。”卡内基是一个以追求经济利益最大化为终极目标的商人，但是他在用人上却有极高的觉悟和极大的胸怀，这着实难得而珍贵，不得不让人敬佩。

有一位优秀的企业家说过：“纳众言方能得人心，得人心方能得人智，得人智方能成大事。一个优秀的企业管理者，就是一个出色的织锦人，只有善于借用下属的智慧，才能织成美丽的锦裳；也只有下属中人才辈出，才能锦上添花。”

事实上，下属中确实有一些出类拔萃者，但他们之所以还是下属，是因为他们还有所欠缺，或是某些方面很出色，但综合能力不行。所以，管理者一定要学会欣赏能力比自己强的下属，给他挑战性的工作，千方百计地调动他的积极性，让他出色地完成工作。当他的才华得到最大化的施展，为公司创造了巨大的价值时，你这个做领导的作用自然而然就得到最大的彰显，这个时候你还担心下属抢了你的风头、夺了你的职位吗？

美国总统华盛顿卸任后，亚当斯成为美国的总统。当时美国正面临着与法国关系破裂的危机，到了1797年底，两国的关系已经到了剑拔弩张、一触即发的危险边缘。亚当斯意识到，与法国开战是不可避免的，而要想打胜仗，就必须有一位得力的统帅。

谁能堪当此任呢？当时很多人劝亚当斯亲自统帅军队，但他清楚自己的军事才能一般。思来想去，他认为华盛顿才是唯一能够激起美军士气、团结美国人民的统帅。于是，他决定请华盛顿出山。

亚当斯的亲信们得知这一情况后，一致表示反对。他们认为，如果华盛顿复出，很可能再次唤起人民对他的崇敬，进而威胁到亚当斯的总统位置。但是亚当斯却认为，国家的利益和命运高于一切。于是，他授权给汉密尔顿写了一封信给华盛顿，请求他担任大陆军总司令，指挥美军迎战法国入侵者。

与此同时，亚当斯亲自给华盛顿写信，在信中他的态度十分诚恳："当我想到万不得已而要组织一支军队时，我就把握不准到底是该起用老一辈将领，还是起用一批新人，为此我不得不随时要向你求教。如果你允许，我们必须借用你的大名去动员民众，因为你的名字要胜过一支军队。"

华盛顿看到这封信之后，被深深感动了，他表示愿意立即出山，担负重任……

这件事被美国人传为佳话，亚当斯的正直与豁达赢得了人民的赞扬。

正因为亚当斯欣赏并敢用能力比自己强的下属，才能一步一步地攀登上事业的巅峰。阿里巴巴的创始人马云曾经说过："领导比员工多什么？领导永远不要跟下属比技能，下属肯定比你强；如果不比你强，说明你请错人了。要比眼光，你要比他看得远；要比胸怀，你要能容人所不容；要比实力，你抗失败的能力比他强。一个优秀的领导人的素质就是眼光、胸怀和实力。"因此，不要害怕员工比你更优秀，让优秀的人才为你所用，才是领导者真正的本事。

6 绝对不能开空头支票

人无信不立，信用是企业领导有效管理的人格保证。很多时候，领导的信誉甚至比他的能力更重要。因为一个有能力但是没有信誉的领导，下属是不会信服他的；而一个能力差点但是拥有良好信誉的领导，往往会令下属俯首听令。

从心理学上分析，一个领导者是否守信关系到下属对他的期望。当领导者承诺一件事时，下属即对领导产生管理期望。如果领导者承诺之后不兑现，或根本没把自己的承诺当回事，下属便会有一种被欺骗的感觉，很可能对领导产生厌恶感，随之领导者也就失去影响力。

一天，某公司的总经理在给员工小王发工资时，信誓旦旦地说："小王，你的工作很出色，从下个月起，我会每个月给你200元的住房补贴，以示奖励。"

小王非常开心，心想："老板还是挺重视我的嘛，我要好好干！"到了下个月发工资的时候，总经理并未兑现所谓的200元住房补贴。小王感到很纳闷，便忍不住提醒总经理。没想到总经理支支吾吾地说："这个月已经给你加了100元的工资，就不给你住房补贴了，下个月再给你住房补贴。"

小王一脸不悦，心想：加的100元工资是公司的工资制度，与你承诺的200元住房补贴并不冲突，你为什么这么不讲信用呢？从此以后，小王对总经理感到失望。半个月之后，他向总经理递交了辞职书，理由是：一个不守信的老板，没有希望把企业做大，在这样的企业工作是没前途的。

日本管理学家秋尾森田曾经说过："不守信用的人如同酩酊大醉的酒鬼，满嘴都是胡言乱语。这样的人最后只能引来怀疑和嘲笑。即使他清醒过来，也不会有太大的改变。"如果把企业领导的威信比作一把利剑，那么一旦他失去了信誉，这把剑就会变得黯淡无光，成为一块生锈的废铁，领导又怎么拿它来指挥下属呢？

西方著名管理学家帕金森曾说，关系到一个未来前途的许诺，是一件极为严肃的事情，它将在多年中被一字一句地牢牢记住。作为公司的领导，无论如何也不能失信于自己的下属。也许有时候你不经意间的一句承诺，就会被下属深深牢记于心，当你没有兑现时，下属会觉得受到了欺骗，继而对你产生厌恶感。此时，你唯一能做的就是赶快道歉，然后尽快弥补。以上文为例，那位总经理应该立即兑现200元的住房补贴，这样才能平复下属的失望与不满。

日本“经营之神”松下幸之助说过：“想要使下属相信自己，并非一朝一夕所能做到。你必须经过一段漫长的时间，兑现所承诺的每一件事，诚心诚意地做事，让人无可挑剔，这样才能慢慢地培养出良好的信誉。”因此，当你许诺别人之后，一定要恪守信用，这是你赢得别人信任的最好办法。这个道理在“徙木立信”的故事中得到了很好的体现，故事是这样的：

商鞅在秦国推行变法之初，为了树立变法的决心，树立国君的威信，他做了一件事：他叫人在京城南城门口立了一根木头，然后对围观百姓说：“谁能将这根木头从南门搬到北门，就赏他五十金。”百姓们大多都不相信有这样的好事，他们担心商鞅的许诺是一句空话，因此，没有人愿意搬那根木头。

就在大家疑惑、犹豫的时候，有个青年扛起了木头，从南门一直走到北门。之后，商鞅在众人期待的目光中兑现了诺言，当场赏给那个青年五十金。看到这一幕之后，人们都相信了商鞅的话。从此以后，商鞅推行新法时，人们都自觉地去遵守。

对于一个普通人而言，如果他不讲信用，只会影响自己的形象，影响自己的人际关系。而对一个企业领导者来说，如果他不讲信用，则会影响整个企业的形象，影响员工、客户、合作者对领导者的信任。企业领导者是否讲信用，直接关系到企业的成败。

守信与企业成败有什么关系呢？对此，李嘉诚曾做了这样一个精辟的解释："一个企业的开始意味着一个良好信誉的开始，有了信誉，自然就会有财路，这是经商中必须具备的商业道德。就像做人一样，要忠诚、有义气。对自己说出的每一句话、许下的每一个承诺，一定要牢牢记在心里，并且一定要做到。当你建立了良好的信誉后，成功、利润便会随之而来。"

李嘉诚认为，经商可以赔本，企业可以倒闭，可以破产，因为破产之后，只要条件允许，实力具备，还可以东山再起。但是，如果失信于人，不被信任，那么你的本钱就彻底输光了，你以后的生意就没法继续做下去，你只有死路一条。所以，在实际工作中，领导者一定要对自己的承诺负责，要做到说话算数，绝对不能开空头支票。

7 越是危机，越不能轻易抛弃员工

在如今这个追求利益最大化的时代，公司裁员是常有的事，也许你们公司没有经历过裁员，但你应该明白裁员对员工而言意味着什么。裁员一方面会给被裁者带来生活的压力和内心的痛苦，另一方面也反映出决策者不负责任，为了利益抛弃员工的行为。假设你是一位高层管理者，有一天你被公司无情地“抛弃”了，你的内心会不会五味杂陈？作为管理者，如果你经常思考这个问题，相信你就能将心比心地体会到员工的感受了。

2006 年金融危机前路易斯·乌切在他的新书《美国的“一次性”雇工：裁员及其后果》中发出警告：公司裁员可能会付出惨重的代价。这本书上市后不久，乌切就表示：“在一次美国精神分析协会的会议上演讲。演讲结束后，我让现场 30 多名精神分析师表决。表决的问题是，‘就你的经验看，是否觉得被裁员是一次创伤性的体验？’结果所有人都举了手。”

裁员会给员工造成严重的伤害，也会严重影响企业在员工心目中的形象。1992 年，IBM 宣布了公司成立以来的首次裁员计划，当时 IBM 员工的脸上满是惊愕的表情。面对“蓝色巨人”过河拆桥的行为，被裁员工们纷纷表示，他们对 IBM 的印象再也无法回到从前。所以，轻易裁员、抛弃员工是不明智的举动。

大凡成就卓越的领导者，往往是在危急关头，越把员工的生死存亡放在心上。俗话说“危难之时见真情”，领导者在危急关头不抛弃、不放弃任何一名员工，一定会感动所有员工，从而赢得大家的真心拥护。在这一点上，三国时期的刘备为后人做出了榜样。

当年刘备弃新野，走樊城，面对曹操铁骑的追杀，他依然带着数十万百姓同行，导致行军速度缓慢，形势十分危急。很多部属劝说刘备放弃百姓，尽快逃离曹操的追杀。但刘备却说：“做大事以人为本，怎可危难之时弃百姓而去?”结果历经劫难，刘备最终逃离了曹操的追杀。这件事让刘备深得民心，为后来三分天下奠定了良好的群众基础。

在现代企业管理中，也有危急时刻不抛弃员工的优秀企业，比如长虹电器。2008 年，受国际金融危机的影响，家电的出口情况变得十分严峻。当年年底，家电企业迎来了一次裁员高峰，就连美国最大的家电企业惠而浦公司也宣布裁员 5000 人。

面对如此严峻的形势，长虹集团在公司内部骨干会议上宣布，将实施不裁员、不降薪的过冬策略。他们认为，员工是企业创造价值的主题，人才是企业最可贵的财富，信心是企业迎接挑战的基础，企业的业绩不是靠裁员裁出来的，而是靠凝聚人心做出来的。在当前特殊的时期，公司更应该凝聚人心，加大培训和研发力度，为长虹的下一次腾飞积蓄力量。

越是危机，越不能轻易抛弃下属，越能显示出企业对员工的真情。当然，这并不是说企业不能裁员。如果企业面临破产的危机，不裁员就真的无法生存下去的时候，裁员也是无奈之举。杰出企业家李嘉诚在经营企业的过程中，就曾有一次无奈的裁员举动，不过他并不是随便抛弃员工，他到底是怎么做的呢？下面来看一下他当年的经历吧！

当年李嘉诚的仓库里堆满因质量欠佳和延期交货被退回的玩具成品。有客户上门索赔，导致上门考察生产规模和产品质量的客户，见到这种情况后，马上扭头就走。李嘉诚知道，客户是企业的衣食父母，失去了客户就没生意可做，因此，李嘉诚急得像热锅上的蚂蚁。

而银行在得知长江塑胶厂陷入危机后，马上派人来催贷款。此时的李嘉诚焦头烂额，痛苦不堪，只好赔着笑脸接待，恳求宽限还款期限。但是怎样才能从根本上应对企业破产危机呢？李嘉诚思前想后，最后决定裁员，因为工厂开工严重不足，裁员是节省成本的唯一办法。

不过，李嘉诚的做法充满了温情，他召开集体员工大会，坦诚地承认自己经营犯下的错误，不仅拖垮了工厂，还损害了工厂的信誉，最不能原谅的是连累了员工。他向那些被裁的员工赔礼道歉，并表示企业一旦有转机，就会把他们召回来上班。如果到时候被裁的员工找到了更好的去处，他也不会勉强。

裁员之后，李嘉诚通过一系列的有利措施，稳定了企业的局势。他拜访银行、原料商、客户，向他们坦诚地表达歉意，承认自己的错误，请求原谅。同时，丝毫不隐瞒工厂的危机，恳求他们帮忙想对策。李嘉诚的诚意打动了很多人，得到了大多数人的谅解，危机一步步地解除。最后，长江塑胶厂走出了破产危机。

公司走出危机之后，李嘉诚兑现了之前的承诺，把原来被裁的员工召了回来，并且在公司的集体会议上，向全体员工表达了感谢，肯定了他们在危机时，与公司同甘共苦的做法。然后，他通报了公司的收支情况，告诉大家：公司已经走出了危机，将迎来曙光。会议结束后，李嘉诚给每个员工一个红包，以表达对员工的奖励，让员工们深受感动。

危机时，不轻易抛弃员工，但不代表永远不抛弃员工、不裁员。因为企业面临的危机各种各样，有时候是企业经营不善导致的，有时候是市场大环境决定的。这些时候员工是没有过错的，如果轻易裁掉他们，那么他们是最无辜的。因此，在这种情况下，企业如果裁员，一定要充分安抚员工的心。

美国通用中国地区总经理曾说过："任何人如果很乐意裁员，他就没有资格当领导；反之，如果不敢裁员，也同样没资格当领导。"在这位总经理看来，每一位员工对公司都很重要，不到万不得已的时候，不要轻易抛弃他们，除非员工的能力达不到公司的要求。

用通用公司前 CEO 杰克·韦尔奇的话来说，一家公司有 20% 的人卓越，有 70% 的人合格，可以接受，另外 10% 的人要淘汰。如果你可以把这 10% 的员工培养成合格的人才或卓越的人才，那么最好先努力去培养。如果无法将他们培养成合格的人才或卓越的人才，那么淘汰他们是必须的。否则，对那些 20% 的卓越员工和 70% 的合格员工是不公平的。

SOME TIPS FOR TEAM MANAGEMENT

第三章

沟通的绝招
——多用建议，少用命令

杰克·韦尔奇说过：“管理就是沟通、沟通、再沟通。”沟通就是信息交流、思想互动，彼此交流观点、看法和立场。作为管理者，在与员工沟通时，一定要多用建议、少用命令，善于倾听员工的心声，这样才能缩短上下级的距离，赢得员工的认同和信任。

1 管理之道，在于把握员工的心声

员工在公司工作，除了每周五天，每天朝九晚五地上班、下班之外，内心会有什么想法呢？他们对公司满意吗？他们对公司还有哪些期盼？他们对公司的管理有什么意见和建议？对此，作为管理者，你是否试图去了解过呢？只有主动去了解，你才能把握员工的思想动态和心声，才能有的放矢地管理企业。在这方面，沃尔玛集团的创始人萨姆·沃尔顿做得十分到位。

“你在想些什么？”“你最关心什么？”这是萨姆·沃尔顿在视察分店时，经常向员工提到的问题。在视察的过程中，沃尔顿经常与基层员工沟通，通过聊天了解他们的需要和困难，以此了解员工的心声。

据一位沃尔玛公司的职员回忆：“我们盼望董事长来商店参观时的感觉，就像等待一位伟大的运动员、电影明星或政府首脑一样。但他一走进商店，我们原先那种敬畏的心情立即就被一种亲密感受所取代。他以自己的平易近人把笼罩在他身上的那种传奇和神秘色彩一扫而光。参观结束后，商店里的每一个人都清楚，他对我们所做的贡献怀有感激之情，不管那些贡献是多么微不足道。每个员工都似乎感到了自身的重要性。这几乎就像老朋友来看你一样。”

萨姆·沃尔顿曾在一篇文章中写过这样一句话：“我们都是人，都有长处和短处。因此，与员工深入交流并真诚地帮助他们，一定会帮助我们取得胜利。记住，老板必须总是把员工放在他们自己的前面。如果你能做到这一点，你的事业将会一帆风顺。”

俗话说：“人生不如意事十之八九。”员工除了在工作上会遇到困难之外，在生活上是否有苦恼呢？作为管理者，一定要认识到：员工发牢骚、吐苦水是很常见的事情，不要以为员工表达不满，就表示对公司甚至对你个人有成见，是不爱公司的表现。

恰恰相反，员工爱公司、把公司当家，才会抱怨公司的不足，才愿意指出公司的弊病，他们这样做无外乎让领导者重视这些问题，想办法改变不良的现状。通过员工的抱怨、不满、意见或建议，你就能很好地了解员工们的心声，这对管理企业、带领团队是十分有益的。

所以，管理者不能对员工的抱怨充耳不闻，不能对员工的意见和建议置之不理，更不能对这类员工产生偏见。而应该像萨姆·沃尔顿那样，主动放低姿态，走近员工，与员工心贴心地沟通，了解他们的所思所想，了解他们的需求和困难，这样才能体现企业对员工们的人性化关怀，使员工感受到被尊重、被重视，从而激发员工的工作积极性。

玫琳凯从一家化妆品小公司发展成拥有几十万名美容顾问的大公司，其成功的秘诀之一，就是重视倾听每一位员工的心声。

玫琳凯本人非常清楚地了解到，员工真正需要的不只是金钱、地位，他们更需要一位能真正倾听他们意见的管理者。因此，她始终要求自己、要求公司的管理者记住一条金科玉律：倾听是首要的事情，尤其是倾听员工的心声与抱怨。

除了重视了解员工的心声之外，企业更应该将了解员工的心声制度化。通过制度规范，建立了解员工心声的渠道和机制，保证公司上下沟通畅通。这样才能让公司的每一位管理者都重视沟通和了解员工的心声，重视倾听员工的意见和建议。这对推动企业的发展具有十分重要的意义。

百安居集团是一家相对保守、等级森严的英国公司，但是他们的管理者们十分重视与员工直接沟通。当员工在工作中遇到了麻烦，可以直接找管理者帮忙解决。百安居（中国）公司的副总裁、人力资源总监胡蔚雁举例说，有一次公司筹建物流中心，当时有一名员工被解聘，在新领导没有到任时，他被要求离开公司。于是，他找到胡蔚雁投诉。

胡蔚雁先了解他的想法，然后要求部门给出一个合理的解释报告。后来，胡蔚雁了解到，这个员工平时工作态度很好，只是在技能方面有些欠缺。最后，他与相关部门负责人沟通，达成了一个共识：公司花一些精力和时间去培养他，并设立了6个月的观察期，看他是否能够在培训中达到公司要求。事实证明公司的这种做法是正确的，经过培训，这位员工达到了公司的要求，而且工作十分努力。

除了直接与管理者沟通，以寻求帮助，百安居还有相关的制度来保证员工发表意见，尤其是在百安居的英国总部，有一个“草根会议”，一些来自基层的员工和总部的管理者们每个月都会召开一次会议。每个员工都可以在会议上提出问题和建议，公司的高层领导者会面对面地了解员工的想法、公开对话。

如果员工的问题和建议有价值，那么管理层和相关部门就会制订行动计划，然后去推行解决。在下一次草根会议上，管理层会通报解决的情况，继续了解员工的反馈，看他们对结果是否满意，还有什么意见。这种沟通方式让员工感觉受到了重视，极大地满足了员工的参与心理和被重视心理。

如果没有到草根会议召开的时间，员工也有其他反映问题的渠道。比如员工觉得面对面向管理者反映问题比较尴尬，或他们离总部比较远，不方便面对面反映问题，那么他们还可以通过写信或打电话反映问题。公司有一个对员工免费的 24 小时录音电话，员工可以通过它跟总裁或总经理反映任何问题。公司的相关负责人每天都会接听整理，然后汇报给高层，也会定期给反映问题的员工回馈。

了解员工的心声，并不是简单地听，更要主动地去询问，真正重视员工的反馈，及时解决问题、消除员工的不满。当然，管理者还可以询问员工意见和建议，让他们参与问题的解决过程，这样可以缩短上下级的距离，让员工获得满足感。

2　坚决不搞“一言堂”

在有些企业中，老板经常摆出一副高高在上的姿态，对下属抱着“你给我打工你就得听我的，不愿意干就走人”的心态，他们独揽大权不说，而且爱搞“一言堂”，根本不把部属的意见和建议放在眼里，甚至从来就没有给下属们发言的机会。总之，他们把自己的权力发挥得淋漓尽致。

一位著名的企业家说过：老板最大的错误就是独断专行。独断专行，爱搞“一言堂”的老板注定要遭遇悲剧。没有人是不犯错的，老板再有能耐，也会犯错，而他不听别人的建议，犯错了自己还浑然不知，早晚会摔跟头。

其次，独断专行，不听建议的老板，让下属觉得没有得到信任和重视，甚至连最起码的尊重都感觉不到，因此不可能得到下属的拥戴。最后，他们失去了员工的心，身边没有一个说真话的人，你说这样的老板能成大事吗？

李先生被深圳某电子公司挖去做营销总监，主要负责公司的营销事务。在这之前，李先生是深圳一家公司的华北区销售经理，营销能力不用怀疑，经验也十分丰富。

上任之后，李先生发现公司的产品主要模仿同行的同类产品，其营销模式是靠低廉的价格吸引消费者。了解到这些之后，李先生主动与公司的总经理沟通。然而，出乎李先生意料的是，总经理是个刚愎自用、独断专行的人，根本不听李先生的意见。

李先生以为是自己的意见缺少论证，才没有被总经理认同，于是他经过一个多月的周密调研，针对公司方向性问题提出了一个方案。可是，当李先生将这份方案交给总经理时，他不但不高兴，反而生气地说：“我挖你过来是让你做执行，不是让你做战略决策，公司里的全局战略性问题应该由我来完成。”

总经理还对李先生说：“你报告里所写的内容不是你职责范

围内的，在本公司，战略决策、营销模式的设定及市场开发等重大事宜不是你考虑的，而是由我统一制定，所以请你不要越俎代庖，你这个营销总监负责执行营销战略就行了。”

李先生知道，眼前的这位总经理难成大器，于是他果断选择了辞职。半年之后，这个公司倒闭了，原因是总经理一人独裁，听不得高层管理者们的谏言，在失去人心的同时，公司也丧失竞争力，最终导致资金链断裂，全线崩盘。

李先生是一位有能力的营销人才，但是在独断专行的老板手下，其业绩黯然无光，而且自尊心、积极性均受挫，这也为公司的倒闭埋下了伏笔。在我们周围，像这样的公司还有很多，公司老板表面上强调团队建设、鼓励团队合作，但实际上不愿意听取部属们的意见和建议，不懂得集思广益，这种个人主义是公司发展的致命障碍。

刚愎自用、独断专行的管理者，在管理中往往会表现出极端化、片面化、武断化的处事风格，这不仅易于激起下属的不满，影响下属工作才能的发挥，还容易让他在错误的决策上固执到底，最后付出惨重的代价。所以，只有解决管理者独断专行的问题，才能保证企业的生存和发展。

既然领导者刚愎自用、独断专行危害如此之大，那么该如何解决这个问题呢？其实，要想从本质上改变领导者独断专权的毛病，除了要靠领导者自己来克服人性的弱点，还要让他认识到独断专行的危害性。当然，公司如果有严格的制度来约束领导者的决策权，也会在一定程度上减轻领导者独断的毛病。例如，公司制定了民主协商的决策制度，尤其是涉及公司战略问题时，除了领导者有绝对发言权之外，公司其他高管也有权参与决策，通过集思广益，可以在一定程度上避免刚愎自用、独断专行的领导者给公司发展带来的阻碍。

此外，公司还应努力创造“知无不言，言无不尽”的沟通气氛。作为领导者，一定要清晰地认识到多听意见和建议对公司的好处。尽管有时候下属的意见不一定对，但领导者一定要耐心地倾听，并且对下属积极献言的行为给予肯定和赞赏，这对下属是最基本的尊重，也是保护下属积极性的重要举措。

作为企业领导者，你一定要认识到：众人拾柴火焰高。也许你在企业经营和管理上有卓越的才能，但你要清楚，个人的智慧始终是有限的，多听听下属们的意见和建议对你有益无害。如果你认为他们的意见不合理，你可以在说明原因后不予采纳，但是当他们提建议时，你一定要认真地听，并且感谢他们积极献计、献策。这样的领导者才能鼓舞员工的斗志，才能赢得员工的拥戴。

3 即使手握真理，也不要咄咄逼人

语言是一把双刃剑，在伤害别人的同时，也会伤害到自己。很多人在与人交流的过程中，喜欢用一些犀利的语言，以咄咄逼人的态度，去表明自己的观点，希望能在语言上战胜对方。然而，在实际的生活和工作中，咄咄逼人并不是件好事，因为这样做并不能得到你想要的。一味将自己的想法强加于人，结果只会适得其反。有一位心理学家曾说过，牺牲别人去做一件有利自己的事已经不妥当，硬把这件事当作对别人的一种慷慨和施予，就是无可饶恕的自欺欺人行为。而且，到头来必定是失败的。

任何人都有自尊，适当地给人台阶下，才能求得人际关系的和谐。当一个人肆无忌惮地挥着道理的“鞭子”，闯入别人的内心领地，结果只会引起对方强烈的抵抗和反感。若与人在语言上交锋，应考虑到对方的自尊，即使道理在你这边，也不要咄咄逼人。当你把对方逼到绝路上时，别忘了自己面前也是悬崖。因此，适当的收敛锋芒，既能避免伤害他人，也能保护自己不受伤害。

当我们每次和别人意见相左时，需要思考采取什么样的策略才能达到目的。有时候我们可能会陷入一个两难的境地：究竟是该咄咄逼人与人斗争到底，还是软弱屈服、妥协让步？作家三毛告诉我们：从容不迫的举止，比起咄咄逼人的态度，更能令人心折。因此，你在说话之前，如果能先去掉霸气、傲气，换成和气，那么就能更好地与人相处，也能更好地获得人缘。

“不轻易指责别人”是美国前总统林肯最伟大的优点之一，这也是值得我们借鉴的地方。其实林肯年轻的时候比较狂妄，待人处事不够谨慎，喜欢咄咄逼人。

那时，林肯一旦发现对方的错误就爱写信指责，有时还会将这些信故意扔在路上，让过路的人能够拾起看到。一次，林肯手下的一位将军因判断失误而错失了一次取胜的良机，林肯知道后非常愤怒。他马上坐下来，给这位将军写了一封信。

林肯在纸上发泄完之后，抬头望了一眼天空。他突然觉得：也许我有些操之过急了，我没有在战场上，而是在白宫里安静地坐着，我命令将军去进攻是件提笔一挥的轻松事。但是如果我若和他一样在葛底斯堡打仗，目睹那些血肉横飞的惨状，也许我也不会急着进攻。如果我遇到这样的情况，也许我也会有将军那样的胆怯心理，并和他犯同样的错误。即使他做错了，但不管怎么说，事情已经过去了，把这封信发给他让他难过又有什么意义呢？我是发泄了心中的怨气，而将军呢？他可能对我强烈不满，竭力为自己申辩，自然也会指责我的不是；也可能就此消沉，萎靡不振，不管哪样，我都伤害了一位指挥员的威信。

自此，林肯再也不写那些讽刺别人、伤害别人的信了，再也不去咄咄逼人地对待旁人，而且他还经常告诫自己的朋友：“不要过于指责别人，咄咄逼人会让你受到谴责。”

周国平说，大智者必谦和，唯有小智者才咄咄逼人。每个人都有自己的想法和自尊，在和朋友直面讨论时，我们却很少想到这一点。缘于自己的优越，我们常常用咄咄逼人的态度无情地剥掉了别人的面子，伤害了别人的自尊心。这种是多么浅薄、心胸狭窄的表现。

所以，即使你现在手握真理，也不应过于咄咄逼人，伤害别人的尊严。在无关得失的小事中，可以稍微谦和一点，可以让对方一步。这当然不是为了博得对方的欢心，而在于可以获得多方面的好感，给人一个台阶下，也可使自己不会因小事而受到不必要的损失。

小华是一个食品公司的销售员，在一次公司例会上，大家都在讨论有关食品销售的问题，因为最近有一款食品的销量下跌得厉害。于是小华站起来建议实行买二送一的促销手段：就是用买两包食品的钱就能拿到三包食品。尽管小华表面谦虚，但心里却暗自得意，等待着同事们的夸奖。然而不仅没人说话，还有人质疑，且向他提出了几个问题。

然后，小华又整整花了一个小时来说服大家："相信我，这绝对是一个增加销量的好办法。"但是大家依旧没有说话，于是小华脱口而出："为什么你们对我所有的建议都抱以这种奇怪的态度？你们倒是说说看，你们还能想出什么更好的法子吗？"更糟糕的是，小华又添了一句："是不是我的建议太绝妙了，你们想不出来，所以嫉妒吧！"之后就听见一阵交头接耳的声音："是谁把这个咄咄逼人的家伙招进来的？""真是个笨蛋！"

没过多久，又传来一个坏消息：某款食品的销量又下降了七个百分点。小华原以为又到了英雄的用武之地，但是由于上次在讨论会上的"精彩"表现，所有部门的员工都一致淘汰了小华的建议，即使它具有可行性，而小华从此也落了个自大狂的"美名"。

一提到咄咄逼人，人们马上就会联想到紧张的气氛和不愉快的心情。但是婉言却能使谈话在轻松愉快中进行，收到"咄咄逼人"所达不到的效果。

在现实生活中，像小华这样说话喜欢咄咄逼人的人不在少数，当自己有想法或意见时，总是迫不及待地提出来。尽管有时候完全是出于一片好意，而且自己所提的意见也很有价值，但由于态度不对，结果不但起不到应有的效果，可能还会使对方心存芥蒂。

正如《圣经·马太福音》里所写：“你希望别人怎样对待你，你就应该怎样对待别人。”所以在说话办事时，应该和和气气，以最委婉的方式表达你的想法。这样既容易让对方接受，避免了伤害别人的自尊，又能增进彼此的感情。

4 包容下属的“狂妄”意见

在日常工作中，领导者与下属之间存在不同的认识和看法，甚至有一些相反的观点，这都是正常的。但是当下属提出不同的意见时，做领导的一定要将意见驳回吗？如果领导这么做，等于堵住下属的嘴巴，不让下属发出不同的声音。下属觉得“领导不让我们讲话”“我们只有干活的义务，没有说话的权利”，这不是很可悲吗？

为什么有些领导整天说要广泛听取下属的意见，却没有人愿意提意见？因为下属提出意见后，领导不予重视、不会采纳不说，还有可能指责下属。可以说，领导者对下属的意见缺少包容、欣赏和认可，是打击下属积极献计献策的罪魁祸首。为什么领导不能包容下属的不同意见呢？这与领导者对不同意见的两种错误认知有关。

第一种错误认知：把不同意见看成是“反对”意见。

不同意见本质上是仁者见仁、智者见智，并不存在主观情绪上的对立与否定，下属提出不同意见，只是表达个人的一种看法，并不意味着否定了领导的意见，下属的意见与领导的意见也不存在谁对谁错。

然而，有些领导总是认为，凡是与自己意见不同的人，都是在挑战自己的权威，在反对自己的意见。与此同时，他们认为自己不会犯错，即便犯错了也不肯承认。究其原因，还是因为死要面子，害怕在下属面前丧失权威，破坏自己在下属心中的领导形象。

殊不知，领导的这种认识是错误的。怎样才能让自己在下属心中保持美好形象呢？怎样才能让自己有威望呢？其实并不是时时处处标榜自己“绝对正确”，而是懂得包容不同的意见，敢于承认自己的不对，乐于欣赏下属的智慧闪光点，这样的领导才是下属心中最有威信的，才能赢得下属的真心拥戴。从另一方面来说，领导者只有及时了解下属的声音，听取下属的不同意见，才能提高领导者工作的成效，减少人为的失误。这对经营和管理好公司是十分有益的。

第二种错误认知：把“反对”意见视为“反己”意见。

有些领导习惯于听顺耳话，不喜欢听到反对意见。一旦他们听到反对意见，就认为下属很狂妄，是在反对自己，是在否定自己，是在挑战自己的权威，是和自己过不去，于是马上带着敌视的情绪，欲除之而后快，根本不理智、客观地分析下属的意见。长此以往，领导将再也听不到下属的不同意见了。表面上，领导与下属之间一个声音，一片和谐，实际上下属早已对领导感到失望了。

古人云：“防民之口，甚于防川。”如果领导者因为害怕听到反对意见，就堵住下属的嘴巴，这样只会培养出一群只会顺毛摸驴、阿谀奉承的下属，而那些真正敢于说真话、愿意说真心话的下属只会敬而远之。

作为领导者，千万不要听到反对意见就失去理智，像刺猬一样竖起全身的刺，去反驳下属。事实上，下属的反对意见只是对事，并非对领导个人不满。领导者要做的是包容下属的反对意见，认真考虑下属的不同意见，从中吸取有益的内容，并表扬和感激下属所提的不同意见。这样才能赢得下属的尊重，也才能营造出民主的氛围。

乔治·马歇尔是优秀的军人化身，他以爱提不同意见、敢于对抗上级而著称。有一次，潘兴上将指责他工作上的失误，他当即提出了不同观点，随后与潘兴将军发生了尖锐的对抗。但是潘兴将军并没有将马歇尔的不同观点和尖锐对抗放在心上，他们照样相处得很愉快。

马歇尔不但面对上司敢于发出不同声音，即便面对更高层次的总司令——美国总统罗斯福，他也是这么“狂妄”。当他认为罗斯福的决定有错误时，他会尖锐地说：“很抱歉，总统先生，我完全不同意您的观点。”

在一次会议上，罗斯福总统与他有不同的意见，他立即请求罗斯福给他三分钟时间发言。然后，他慷慨激昂地表达自己的观点，时间大大超过了三分钟，这让在场的人都感到十分震惊。当时的财政部长亨利·摩根索在日记中写道：“他公然顶撞了总统。”

然而，就是这样一个喜欢唱反调、喜欢提不同意见、喜欢公然对抗上级的人，却得到了上司的信任和喜欢。后来，马歇尔被罗斯福总统任命为陆军参谋部长，成为罗斯福总统最依赖的助手之一。

对于一项复杂的工作，下属与领导者之间存在不同意见是正常的。关键在于领导者如何正确地对待下属的反对意见。如果领导者懂得倾听、包容，积极从下属的不同意见中采纳有益成分，那么下属将会成为领导者得力的帮手。

万科地产总经理郁亮有一个原则，那就是执行董事长的话要过夜，什么意思呢？对于执行董事长的话，他要先考虑一个晚上，再决定是否执行，如果觉得有不妥的地方，就会直接向董事长王石提出来。

王石十分欣赏郁亮敢于提出不同意见的做法，他不止一次说：“我最高兴的时候，就是我的某一个意见最后被证明是错误的，而他们是对的。”这也是王石最终确定郁亮为自己接班人的重要原因。

一位国家的总统，一家大型上市公司的一把手都能包容下属的“狂妄”意见，对此你有什么启发呢？作为公司的领导者，是不是应该像罗斯福、王石那样，以一种开放接纳的态度，发自内心地重视下属的意见呢？面对下属积极中肯的意见予以赞赏和肯定，即便他们公然顶撞你，即便他们的意见很狂妄，你也要包容他们。如果领导者有这般胸怀和睿智，那么还愁企业不能发展壮大吗？还愁下属不拥戴你吗？

5 慎重对待下属的“小报告”

看过中国古装电视剧的人，想必对那些喜欢在背后进谗言的小人都不陌生。他们喜欢探听别人的秘密，喜欢添油加醋、搬弄是非，喜欢小题大做，直接或间接地说别人的坏话，以达到自己的某种不可告人的目的。这种人就是组织的“毒瘤”，他们的存在早晚会危害企业的健康发展。

清朝道光年间，林则徐主张禁烟，坚持实行禁烟运动。由于禁烟运动损害了某些官员的利益，引起了他们的不满，这其中琦善就是一个。琦善多次在道光皇帝面前打林则徐的“小报告”，道光皇帝未经调查，就轻信谗言，将林则徐革职查办了。之后，道光皇帝让琦善接替钦差大臣一职。这时琦善丑陋的嘴脸完全暴露出来了，他勾结洋人，卖国求荣，严重损害了民族利益。

多少英雄豪杰不是死在战场上，而是死在小人的谗言之下；多少企业不是毁在对手的手下，而是毁在领导者手里，毁在小人的嘴上。上面的例子很好地说明一点，如果领导者轻信下属的小报告，草率地做出处理决定，那么就很可能被小人牵着鼻子走，最后使得公司的利益受损，甚至直接导致公司倒闭。

为什么这么说呢？因为爱打小报告的人，大多不是什么好人，这种人要么心胸狭隘、嫉贤妒能，要么虚伪狡诈、两面三刀，要么私欲膨胀、自私自利。因此，面对爱打小报告的下属，你一定要慎重对待，要认真分析“小报告”，细致调查，以免冤枉了好人，让心怀不轨者得逞。

某公司生产车间的主任老胡在工作期间，到休息区多抽了几次烟，这一情况被下属大伟看见了。大伟借向总经理请教工作为由，敲开了总经理办公室的门。他除了请教工作，还特意“关照”了老胡，他对总经理说：“老胡最近不知怎么了，时不时去车间的休息区抽烟，搞得烟雾缭绕，多影响大家的工作啊，而且抽烟对身体多不好啊！”

总经理听了大伟的话，平静地说：“嗯，知道了，谢谢你反映这一情况，我会跟他沟通的。谢谢你关心大家的工作，关心老胡的身体。如果没有别的事情，你就去工作吧。”

总经理很清楚，老胡最近多抽了几支烟是有原因的，他的老婆下岗了，孩子又生病了，而工作又在赶进度，他的压力很大，多抽几支烟也是人之常情，没必要大惊小怪。不过，他还是找到了老胡，关切地问他家里的情况，安慰他不要太担心，同时也提醒他尽量少抽烟，身体要紧。

面对员工大伟的小报告，总经理的处理相当漂亮，他既没有批评大伟，又没有批评老胡。相反，他表扬了大伟关心大家的工作，关心老胡的身体，又对老胡表达了关切。这种做法不仅让“小报告”无处存活，又让员工感受到领导的人性化关怀，真可谓一举两得。

在很多公司里，爱打小报告的人都是存在的，这种现象十分正常。作为企业管理者，你丝毫没必要因为下属的小报告内容而小题大做，也没必要因为下属打小报告的行为而惴惴不安。

你要做的就是冷静倾听下属的小报告，理智地分析他的小报告，若有必要，可以暗中调查了解事情的虚实，尽量客观公正地处理这类问题。

在对待下属的小报告时，有些管理者采取“充耳不闻”的做法，他们会对下属说：“对不起，我不听小报告。如果你没别的事情，请去工作。”这种处理方式很容易伤害下属的自尊心，尤其是如果这位下属的小报告内容属实，那么管理者就失去了一次了解事情真相的机会；有些管理者采取偏听偏信的做法，他们听风就是雨，下属跟他说什么他就信什么，最后很可能伤害了无辜的下属。

客观地说，这两种处理方式都有些绝对化，都是不明智的处理方法。最好的办法是慎重对待，既要认真倾听下属的小报告，又要理智分析其报告的真实性。要做到“既不冤枉一个好人，也不饶恕一个坏人”。这样才能把小报告的负面影响转化为积极的作用，让它真正为管理者所用。

另外，对于爱打小报告的下属，领导者要以引导为主。首先，你要搞清楚下属打小报告的动机，对症下药。有些下属喜欢背地里打小报告，是为了派系之间的争斗；有的下属只是随口一说，没有深层次的目的。对于下属不同的动机，你要有所区别地对待。其次，对于越级在你面前打小报告的下属，你既要给下属反映情况的机会，又要明确告诉下属：“反映情况有正常的消息渠道，越级打报告是不值得提倡的。”

还有一种情况管理者们不得不重视，那就是有些下属绕过你，越级打你的小报告。这种情况相比于下属在你面前打同事的小报告，会让你变得非常不淡定，因为下属的矛头直接指向你，其行为明显对你不利。对于这种情况，你该如何处理呢？

对于下属背地里打你的小报告的行为，你可以表面上假装不知情，但私下搜集下属心怀不轨的证据，并尽可能让自己的行为光明磊落。对于下属在上司面前打小报告的内容，如果有可取的地方，你一定要积极改正。例如，有位管理者去上司办公室汇报工作时，在门口听见下属打他的小报告："刘主管这人还是不错的，就是工作太粗心了，业务也不精……"如果下属所言极是，那就赶紧去提升自己吧，如果下属的话明显是恶意中伤，那你不妨直接推开办公室的门，理性对质。

6　员工的"真话"，不一定是真知灼见，但一定是肺腑之言

要想成为一名成功的领导者，你需要具备很多优秀的品质，愿意倾听、善于倾听就是其中一个。倾听什么呢？倾听下属的真实想法，倾听员工的肺腑之言。只有当你愿意倾听、善于倾听时，员工才有可能对你说真话，向你提建议，从而使你获得帮助。很多管理者之所以不愿意听真话，是因为真话很多时候并不"动听"，但却是肺腑之言，反映的是真实情况。

企业内部的权力格局，很多时候与宫廷内部的权力格局十分相似。当员工都不愿意说真话时，往往是因为存在这样两种情况：第一，企业领导者的个性强硬，他有成功的经历，周围

人都唯唯诺诺；第二，领导者傲慢自大，独断专行，常给人以高高在上的感觉。

在这两种情况下，领导者就算是带着企业冲向悬崖，也不会有人站出来说真话。要知道，在生存压力如此之大的今天，员工冒着丢掉工作的危险“以死相谏”是愚蠢的。难怪蒙牛集团总裁牛根生说：“听不到员工的奉承的领导是幸运的，听不到员工的真话的领导是危险的。”

员工的真话也许不是真知灼见，但一定是肺腑之言。比尔·盖茨曾说：“如果人人都能提出建议，就说明人人都在关心公司，公司才会有前途。”他总是鼓励员工畅所欲言，鼓励员工对公司的发展、存在的问题，甚至上司的缺点，毫无保留地提出批评、建议或提案。

1995 年，比尔·盖茨决定不涉足 Internet 领域产品，当时很多员工都提出了反对意见。其中有几位员工还写信给比尔·盖茨，说他的决定是错误的。比尔·盖茨见有那么多员工反对，而且其中还有许多他尊敬的人，于是他又花了一些时间与这些员工见面，最后写出了《互联网浪潮》这篇文章，承认了自己的决定是错误的。

同时，比尔·盖茨把许多优秀的员工调到 Internet 部门，并取消或削减了许多产品，以便把更多的资源投入到 Internet 部门。那些反对比尔·盖茨的员工不但没有受到处分，相反，他们得到了重用，都成了公司重要部门的领导。

微软的员工为什么敢说真话呢？其实这并不是因为他们勇敢，而是因为他们知道，他们不会因说真话而受到任何伤害。

在大多数情况下，员工之所以不愿意说真话，把自己的想法和观点保留起来，往往是因为说真话会给自己带来伤害或不好的影响。因此，让员工拥有说真话的安全感，这对鼓励员工畅所欲言十分重要。

怎样才能让员工拥有说真话的安全感呢？关键在于领导者要鼓励员工说真话，尽管他们的真话不一定是真知灼见，领导者也不一定认可和采纳，但领导者同样要欣赏和感激愿意说真话的员工。只有这样做才能赢得员工的拥戴，真正给员工安全感，激发出员工说真话的积极性。

在这一点上，费城的工程技术公司 CDI 的首席执行官波莱特·埃伯哈特做得非常好，她上任之后要求自己的团队“直言不讳，但要有礼貌”，哪怕他们需要拍桌子来引起她的注意。通用电气公司前 CEO 杰克·韦尔奇也是这么做的，他一直都鼓励员工为企业的发展献言献策，并创造性地工作。通用汽车公司的前任首席执行官丹尼尔·埃克森同样如此，他会定时到员工上班的地方去走走，目的是看看他们的情绪如何，同时征询反馈意见。他建议管理者们：“如果你从一个员工那里听说了什么消息，应该马上感谢这个员工的开诚布公。”

真话是无价的，也是很难听到的。成功的领导者只有想方设法激发员工“掏心窝”，才能使各项管理做到有的放矢，避免因主观武断而导致决策失误。那么，到底该如何激发员工说真话呢？

首先，需要在企业内部营造“百家争鸣”的氛围。

在日常的管理中，领导者应与员工彼此尊重，相互信任，要让员工有发表意见的机会。

在公司会议上，领导者最好不要率先发言，即便率先发言，也应该抛砖引玉，鼓励大家畅所欲言，避免把大家的思维限定在领导者框定的范围内。当员工发表意见时，领导者不要批评或反对别人的观点，这样大家才可能畅所欲言。

其次，做一个倾听高手。

倾听员工的心声是管理者的明智之举，不善于倾听是管理者最大的疏忽。玫琳凯在《玫琳凯谈人的管理》一书中，曾对倾听的影响作了如此的说明。玫琳凯之所以能够迅速成为一家全球顶尖的化妆品公司，其成功的秘诀之一就是重视每个员工的价值，清楚员工真正需要的不只是金钱和地位，还需要倾听他们意见的管理者。

当员工发表意见时，领导者应认真倾听，必要时还可以拿笔做记录，然后通过对员工意见的分析整理，发现企业存在的问题，并找到相应的解决方案。在倾听时，不要马上问许多问题，因为你不停地问会让对方有一种被质疑的感觉。倾听时，还要通过非语言信息的传递，表达你对讲话者的重视，例如，眼神接触、友好的表情、轻松的姿态等，都可以建立积极的倾听氛围。

再次，和员工一起商讨解决方案。

很多时候，当员工开诚布公地提出意见或建议时，其实他内心是有解决方案的。因此，在你听完他的意见之后，可以与他一起商讨解决方案，这样可以进一步表达对员工的重视，从而肯定员工的价值，会使员工感到受鼓舞。

最后，对员工的谈话表达谢意。

员工能和你说真话，这是非常难得的。因此，当你们的谈话结束之后，你应该对他表达谢意。通过对员工表达谢意，可以让员工感受到他的价值，员工知道你高度评价了他在解决问题时所付出的努力，他将会更加关注企业别的问题并努力解决。

7　学会换位思考，站在下属的角度思考问题

员工进入公司，不管是为了生计，还是为了目标和理想，大都是想好好干的，对工作也是有热情的。但是有些管理者却忽视员工的工作感受，强迫员工按照自己的工作方式去完成任务。

管理者想当然地认为，只要能帮员工提高工作效率，帮员工赚更多的钱，员工就会乐于接受，就会感激他。殊不知，员工内心的真实想法也许与之完全相反。这种做法往往会造成两种结果：要么员工失去了工作热情，任务还没完成；要么员工痛苦地完成了工作。但是终有一天，员工会选择逃离公司。因为工作的过程是领导强加的，太痛苦，他们不得不放弃。

如果管理者采取换位思考的人性化管理方式，那么管理过程就会愉快很多，不但员工快乐，管理者也会感到轻松。很多时候，管理者觉得累，员工工作不开心，这与管理者不懂得换位思考有很大的关系。

赵经理非常有能力，事业心很强，但他发现员工对他总是

毕恭毕敬，凡事都客客气气，谈话从不涉及工作以外的事情，一点都不像有些公司的员工和老板那样无话不谈、亲密无间。好在大家相安无事，没发生什么不愉快的事情，所以他也没太在意。

一天，赵经理在卫生间里方便时，听到外面有两个员工在谈话。一个员工说：“赵总怎么搞的呀，元旦又要加班，我家里还有很多事情呢!”

另一个员工说：“你还不知道啊，赵总这是想让你多赚点加班费，节假日的工资是平时的两倍，你不是常说家里的开销大吗?”

赵经理听到这里，不由得高兴起来，心想还是有人了解自己，自己在假期安排员工加班，都是考虑哪个员工更需要这份加班费的。还没高兴五秒钟，前面那个员工说话了：“可惜赵总没有换位思考啊，他只是用自己的心思来猜别人的需要。上次我和同学聚会唱歌，他居然说我不务正业。他不知道，我通过聚会唱歌结交了多少朋友，上次我签的那个大单，就是聚会上的一个朋友给我介绍的。”

“你可以和赵经理说啊！你不说他会误解你的。”

“说了他会听吗？而且我也不能直接跟他说啊，他能力是很强，但用的是笨办法，现在谁还能像过去那样硬拼啊?”

赵经理听了这段对话，突然明白了，原来自己从来没有站在员工的角度想问题，他们也有自己的想法，也有自己的工作方式，而自己却常常把自己的意志强加给他们。从那以后，赵经理慢慢学会了换位思考，渐渐地，他越来越受员工们欢迎。

什么叫换位思考？换位思考就是把自己设想成对方，想一想：如果遇到同样的情况，我会怎么对待、怎么看待这件事。这样不仅可以更好地理解别人的所思所想，还可以赢得别人的理解与体谅。对管理者来说，换位思考是融洽上下级之间关系的润滑剂，是赢得下属拥护和爱戴的有效方式。

俗话说得好："你希望别人如何对待你，你就如何对待别人。"聪明的管理者不会只从自己的角度去考虑问题，他们懂得关注员工的想法，会站在员工的立场思考问题，这就是换位思考。在他们要求员工做什么之前，他们会先了解员工的想法和感受。这样才能换来员工的真心拥戴，也会换来员工的高效执行。

SOME TIPS FOR TEAM MANAGEMENT

第四章

激励的绝招——以人为本，感情投资

每一位领导者都希望拥有一支士气高昂、凝聚力强、战斗力强的队伍。但实质上，带队伍的过程，就是不断激励员工的过程。在激励时，要本着以人为本的原则，采取因人而异的激励策略，这样才能针对员工的不同需求，实现最佳的激励效果，从而俘获员工的“芳心”。

1　有效的激励才能激发员工的工作能力

美国最负有盛名的管理学大师托马斯·彼德斯曾说："出色的经营离不开人，要用感人、淳朴的价值观去激发人们的热情。"他建议管理者以员工为中心，满足员工对归属的愿望、对成就的需要，倾听和理解员工的抱怨，通过让员工参与对企业发展、工作条件和其他重大事项的决策，使他们感到自尊和尊重的满足，这样员工才会以企业发展为中心，高涨员工的士气。

以人为本的激励方式，从根本上说就是满足人的各种需求，再者就是讲究激励的艺术。很多管理者片面地认为，激励就是调动员工的积极性，让员工愿意干、有热情、心情舒畅，实际上这只说对了一半。激励员工想干、愿意干，是对员工"心"的激励，更重要的是要让员工能干、会干、创造性地干，这是对员工"智"的激励。

哈佛大学心理学家威廉·詹姆斯博士通过研究发现，有效的激励能够激发员工的工作能力。研究表明，在没有激励的情况下，员工仅发挥20%～30%的能力，而当员工受到激励后，其工作能力可以提升到80% ~90% 。

杨辉被总公司委派到下属的家具厂，担任家具厂的厂长助理，以协助厂长搞好管理工作。到家具厂上班的第一周，杨辉主要工作是深入工厂体察民情。一周后，他发现员工工作效率很低，工人们怨声载道，很多人反映车间环境又脏又吵。工厂也没有改善性的措施，每年夏天他们要忍受40多度的高温，每年冬天他们要忍受零度左右的寒冷，而且报酬也少得可怜。

通过与员工面对面交流，杨辉得知大家觉得工作环境太糟糕，在这样的脏乱环境中工作，他们感受不到公司的人性化关怀，体会不到公司的尊重。再者，平时大家向厂长提意见，厂长的态度特别恶劣，根本就不愿意听大家说什么。

杨辉把一周了解到的情况一五一十地汇报给厂长，同时提出了自己的想法："厂长，上周我与工人们在一起，我发现他们的某些需求没有得到满足，我们如果想把生产效率搞上去，很有必要先满足他们的需求。"

厂长说："要满足工人们的需求可以，但你知道他们有哪些需求吗?"

杨辉说："对薪酬的需求，对良好工作环境的需求，还有被尊重、被欣赏、被重视的需求。"

厂长一听，脸色大变："哪有这么多需求，你不知道啊，他们眼里只有钱，他们最关心的是工资，我看给他们每人涨点工资，他们就什么抱怨都没了。"

在杨辉的耐心劝说下，厂长答应在给员工加薪的同时改善工作环境，并重视员工的意见和建议，而且逢年过节，还会给员工发礼品。慢慢地，工厂里多了员工的欢声笑语，不知不觉间，员工的工作效率大大提升，公司的效益也越来越好。

该家具厂从一家脏、乱、差的企业，慢慢转变成一家工作效率高、效益好的企业，这期间杨辉的作用不可估量。当然，厂长的功劳也是大大的，若不是他愿意接受杨辉的建议，采取人性化的激励措施，员工的工作积极性也得不到鼓舞，公司的效益也得不到提高。

从这个案例我们可以发现，有效的激励不仅仅是给员工涨工资，更重要的是让员工感受到企业的尊重和重视，这样员工才能感受到自己的价值，才会对企业产生归属感，进而由内而外地迸发出能量，从而主动性、创造性地工作，保证工作任务和企业目标的实现。

有效激励，还需以人为本。一般说来，以人为本的激励措施主要体现在这样几个方面：

（1）体现对员工的尊重。尊重员工的自尊、人格、需求、想法，尊重员工的创造力，尊重员工的话语权。

（2）体现对员工的信任。领导力就是影响力，要想影响人，首先你要信任人。当你信任员工，放手让员工在职责范围内独立地处理问题，使其有职有权，创造性地做好工作，这样才能最大化地赢得员工的拥戴，这样你才能影响员工。

（3）体现对员工的欣赏、赞赏。员工的成绩、努力、贡献等，都需要领导者及时肯定和赞扬，这样才能使员工获得愉悦的心情，尤其是自尊心得到满足，他才会充满干劲。

（4）体现对员工的理解。员工需要理解，其内心的需求、行为，都需要领导者设身处地地去理解。你理解员工，员工就会更加认同你，更加理解你。

（5）体现对员工的支持、帮助和关心。当员工遇到困难时，如子女上学、住房困难、看病吃药、意外伤害等等，面对这些迫切的需要，公司如果能及时伸出援手，救员工于水火之中，那么员工会铭记公司的恩情，从而更加努力地回报公司。

总而言之，以人为本的激励方式就是以广大员工为本，从内心出发，想办法打动员工的真心，赢得员工的忠心，有效地提升员工的士气，增强彼此间的凝聚力和亲和力，使企业充满向心力和战斗力。

2 不同的员工要采用不同的激励方式

俗话说："一母生九子，九子各不同。"人与人的性格、品行、需求等都是不同的，因此要学会有区别地对待。激励也应该如此，只有懂得因人而异，满足不同人的特定需求，才能有效地激励他人。

管理者在激励员工时，要充分考虑员工的个体差异，实行有差别的激励。举例来说，女性员工相对而言更看重报酬，因此，侧重于薪酬激励更为有效；男性更注重长远的职业发展，因此，侧重于晋升激励更为有效。

在年龄方面，不同年龄段的人需求也是有差别的，一般20～30岁之间的员工自主意识较强，对工作环境、受尊重程度等要求比较高，因此，侧重于人性化激励比较有效；31～45岁之间的员工则因家庭等原因，更为追求安稳，因此，侧重于福利激励比较有效。当然，这只是大致的区分，具体到不同的人身上，其个体需求也是千差万别的，因此，在激励之前最好了解员工的真实需求，以便有的放矢，让激励的效果更佳理想。

人力资源管理专家研究发现，任何组织中都存在以下六种类型的员工，分别是自我表现型、自信独立型、传统保守型、现实稳定型、创新学习型、社会交际型。这六类员工的人格特征、价值追求、内在需求是不同的，所以管理者在激励时也应有所差别、有所侧重。

自我表现型员工：这类员工有强烈的表现欲，喜欢独立思考，其思维非常活跃，是典型的理想主义者。他们工作容易情绪化，喜怒哀乐都表现在脸上。对于这类员工，管理者应为其安排弹性化的工作时间，为他们创造轻松愉快的工作环境，及时给予他们精神激励，比如关注、认可、表扬等。

自信独立型员工：这类员工个性独立自主，有雄心壮志，思路清晰，但有时候盛气凌人，对权利的欲望也比较强烈。他们对自己的能力相当自信，能独立完成工作。在企业中，这类员工往往是优秀的员工，具有较大的发展潜力。对于这类员工，管理者应多给他们发言权和指挥权，在工作中可以让他们带新员工，帮助业绩较差的员工，这对他们来说是一种良好的信任激励，可以让他们感受到重视。另外，管理者对他们应适当授权，给他们表现领导才能的机会，并给他们相应的荣誉激励。

现实稳定型员工：这类员工思想稳定、为人坦诚、工作持久、讲究实际，是典型的实用主义者。他们最看重眼前的成绩和物质利益，给自己的定位是以结果为导向。对于这类员工，管理者应多给他们物质奖励，通过目标的实现来确定相应的奖金，并量化所得的薪酬，这样可以很好地激发他们的工作积极性，使他们成为公司发展的中坚力量。

传统保守型员工：这类员工服从意识强烈，感情脆弱，工作缺少灵活性和创造性，为人谨慎，不愿意承担风险，回避责任和压力，易于满足现状。在工作中，他们需要管理者的指导和帮助。对待这种员工，管理者应多鼓励和表扬他们，激发他们的自信心和积极性，使他们表现得更加主动积极。

创新学习型员工：这类员工热爱学习，善于学习，学习能力强，善于独立思考问题，对待新事物他们有很强的接受能力，喜欢分析性和创造性的工作，容易沉迷于未来，有理想和长远的目标。对待这类员工，管理者可以将企业愿景与他们的个人理想结合起来，使他们被公司的文化精神理念所感染，从而激发出他们的能量，使他们成长为更优秀的员工。

社会交际型员工：这类员工善于社交、善解人意，有很强的为人处世能力，他们相信团队，善于合作，容易沟通，面对冲突和矛盾时，他们善于化解。对待这类员工，管理者应给予充分的信任和理解，同时利用组织各类聚会、郊游、联欢等团队活动，充分授权给他们，让他们有机会表现自己的协调组织能力，更好地发挥他们的协作精神，使他们成为非正式组织的意见领袖。

尽管人力资源专家把员工分为这样六种类型，但实际上很多员工并非这六种中的一种，他们可能是某几种类型的结合，因此，管理者在激励员工时不可教条地按这六种激励方式来进行，而应该多与员工沟通，多了解他们的需求，有针对性地予以满足，才是差异化激励的最高秘诀。

3 别忘了，员工多数时候需要以薪换心

得人才者得天下，但得到了人才，不意味着能长久地留住人才。说到留人才，我们就不得不提一个字——钱。中国有句俗话说“有钱能使鬼推磨”，尽管这句话有些俏皮，但它却能从某种程度上反映出钱对人们生活的重要性。所以，要想让员工帮你创造效益、赚取利润，企业必须拿出真正的诚意，只有用“薪”才有可能换来员工的心。

不要觉得这个观点太过现实，因为社会就是这般现实的。生活需要成本，大到买房、买车、结婚、生子、赡养父母等，小到柴米油盐酱醋茶、日用生活品等，哪一样不需要钱？每个员工上班的首要目的就是赚钱，这种心理相信每个老板都能理

解。如果企业无法满足员工较为合理的薪水要求，那么越是优秀的员工离开得越快。

在马斯洛需求层次理论中，物质需求处在最底层。因此，留人首先要满足员工的薪水要求，其次，才是用心留人，用企业文化留人。如果企业无法满足员工物质方面的要求，即使公司文化再优秀，公司的环境再和谐，也无法留住员工们那颗迫于现实需要、不得不追求物欲的心。

2011 年，从东部沿海地区到中西部地区，“用工荒”的现象愈演愈烈，许多企业陷入招工难的困境。然而，红豆集团得益于独特的文化战略和运营战略，以不变应万变，成功绕过了“用工荒”的障碍，继续保持着效益高速增长的发展势头。

红豆集团到底靠什么吸引人才、留住人才呢？对此，我们可以从红豆集团的总裁周海江常说的一句话中找到答案：“要让每一位员工分享到企业发展的成果。”周海江认为，员工是企业发展的根本，只有不断提高员工的收入，员工才会充满干劲，企业才会充满活力。

2010 年，红豆集团已经两次上调员工的工资。在同年 12 月 20 日，红豆员工又收到公司“涨工资”的信息。在这一年里，红豆集团的员工工资平均涨幅高达 49.6%，最高达到 64%。而在 2011 年春节后，红豆管理层多次召开会议，讨论如何进一步提高一线员工的待遇，激发他们的工作积极性。随后，公司下发《关于熟练工年收入超 4 万元的规定》，文中指出：企业生产一线熟练工（学徒工、辅助工除外）年收入必须达到

4 万元以上。

在涨薪的同时，红豆集团还给员工股权，这是让员工分享企业发展成果的又一举措。当年，公司有 600 多名员工拥有集团的股权，这在全国民营企业中实属罕见，这一举措进一步激发了员工的干劲，增强了员工的归属感。

薪水是基础，当企业给予员工的薪水能够保障员工生活之后，再营造归属感，双管齐下，才能收服人心。在上面的案例中，我们看到了红豆集团在赢得员工之心方面表现出的诚意。在这种诚意的感化下，员工怎么会不卖力地工作呢?

与红豆集团的做法相同，美国著名的软件分析公司 SAS 公司，也十分重视提高员工的薪水。这种举措使得公司的人才流失率保持在 4% 的水平。要知道，这在软件市场劳动力紧缺的情况下，在同行企业人才平均流动率高达 20% 的行业背景下，4% 的人才流动率称得上是个奇迹。

有人问 SAS 公司的员工："为什么公司的人员流动率那么低?" 员工是这样回答的："我们在这里享受到了独特的奖金，在工作中，公司为我们提供了先进的设备；在承担的项目中，我们可以享受很多有吸引力的奖金政策；在与同事共事时，大家相互配合，相处愉快……"

靠着物质奖励和精神奖励，SAS 公司在人才的积极付出下，保持高速发展。SAS 公司的总裁表示，员工们的积极性很高，大家都有自主的工作意识，甚至很多员工还有忘我的工作精神，这让公司十分欣慰。

诚然，没有一家公司是完美无缺的，但是公司若想留住人才，必须摸清员工的想法，知道员工最需要什么。在这个物质生活成本居高不下的时代，员工最大的渴望莫过于多赚一些钱，让自己和家人过上好的生活。因此，企业最应该做的，就是想方设法地满足员工的薪水要求，用“薪”换员工的“心”。

要记住一句话：重赏之下，必有勇夫。如今，领导者带领团队，发展企业，与当年将领带领士兵攻城拔寨，其实本质上是一个道理，那就是要学会激励人，才能得到人才的辅佐，团队才能打下江山。如果你舍不得下本留人才，企业就不可能有美好的未来。

4　关于股份制、分红与年终奖

20 世纪 50 年代，凯尔索公司首次提出了利益捆绑的“员工股份制”。很快，这样的商业模式就风靡整个美国。很多人对此十分疑惑：员工享有股份，真的能解决工作效率的问题吗？

事实上，股份制是一种极为有效的保障措施。凯尔索公司首次将这一与员工分享发展成果的计划付诸实施，并成功地将公司 72% 的股权，分量分批地发给那些愿意为公司努力工作的员工。经过长达 8 年的时间，凯尔索终于完成了股权从管理层向普通职工转移的过程，这一举动在美国的企业管理界引起轩然大波，赢得了很多人的赞扬和支持。

截至 1975 年，从民意测验专家哈特的调查数据可以发现：有超过 66% 的美国人对“员工拥有公司大部分股份”表示支持和赞成。1978 年，哈里斯的民意测验也得出了类似的结果：有 64% 的美国职员认为，如果公司能让自己分享企业发展利润，那么自己的工作效率肯定会有所提高。

如今员工股份制已经从最初的诞生地美国，逐渐被全球各地的管理者们所借鉴运用。实事求是地说，这种制度在企业的最大限度内给予员工最为可靠的保障，再加上具有竞争力的高工资，没有哪个员工不会充满工作干劲。

除了股份制这一科学合理的模式，分红和年终奖也成为许多中小公司竞相效仿的激励方式。20 世纪 90 年代，上海的一家纺织厂为了调动员工们的工作积极性，提高整体的工作效益，制定了一个具体的奖励办法：超额完成正常工作任务 20% 的员工将在年终获得奖金 1 万元；超额 40% 及以上则可获得奖金 2 万元；为企业做出重大贡献的员工，经过董事会集体商议，可获得 3%~10% 的原始股份；员工对所持股份有自主支配权，更可以凭此分到部分的红利。很快，该厂就摆脱了巨大的经济压力，在未来几年里迎来了发展的高峰。

古语说：“天下熙熙，皆为利来；天下攘攘，皆为利往。”千百年来，商人们的形象就是“无利不起早”，老板们要赚钱，员工们也要赚钱。作为公司的经营者，一定要明白这一点：懂得通过与人分享利益来激励别人，使别人心甘情愿为其效劳、与其合作。

李嘉诚曾将自己的用人之道，总结成这样几个字：“以诚感人者，人亦以诚应之。”李嘉诚认为：只有真诚地善待下属，将股份制、分红的好处让渡于员工，与下属分享利益，才能赢得他们的忠心辅佐。在他的企业内，人才济济，新人辈出，而且跳槽率很低。说到李嘉诚欣赏人才、真诚待人，就不得不提到马世民。当年，英国人马世民的才能深得李嘉诚的赏识，为了让马世民心甘情愿地辅佐自己，李嘉诚不惜买下马世民的整个公司，只给了马世民 10% 的股份。为了增强马世民及其公司下属对集团的归属感，李嘉诚又给他们最低的优惠价格，让他们购买长江实业集团的股票。结果，马世民在和黄的年薪及分红达 1000 万港元。此外，马世民还有非经常性的收入，这是难以计算的。

虽然后来马世民离开了和记黄埔，但李嘉诚给了他低价购买长实股票的机会，让他获得丰厚的利润。李嘉诚曾经不无欣慰地说：“在我的公司，职员都能忠诚地为公司服务，我自己也经常会考虑他们的处境，并利用薪资激励的方式帮助他们。”可见李嘉诚多么体恤下属，多么愿意与下属分享利益，这自然也极大地增强了集团的凝聚力。

在任何一家公司，员工都是企业利润的真正创造者，领导纵然可以用威胁、施压的手段迫使下属服从命令，但这很容易引起下属的反抗，他们可能消极怠工，进而降低工作效率，影响整个组织的利益。最高明的办法就是，引入股份制、分红和年终奖的利益驱动机制，通过与员工分享利益，让员工心甘情愿地加班、奋斗，为企业创造更多的利润。

作为老板，一定要明白：与员工分享利益，才是保证企业终极利益的根本。许多著名的企业都有与员工分享利益的具体措施，1908 年，福特公司推出了 T 型汽车，一时间非常受美国人欢迎，真正成为普通人的汽车。后来，福特汽车的销售形势一片大好，但福特公司并没有乘机上涨车子的售价，而是坚守“薄利多销”的商业宗旨，与内部的员工分享成功的果实。亨利·福特主动提出：如果年底整体效益翻倍，在保证工资不变的前提下，每人可领到年薪酬总额的 30%，外加 2%~5% 不等的红利。凭借这一利益分享措施，福特公司的员工受到了极大的鼓舞，他们的工作激情高涨，工作效率极高，从而推动了企业的发展。

在中国，华为集团也是一家重视与员工利益分享的企业。多年以来，华为公司取得了非凡的成绩，都与他们注重与员工分享利益分不开。华为公司的管理者认为，随着员工为公司创造的利润增加，公司应该增加他们的报酬，并以年终奖的形式留住最核心的人才。如果管理者只注重企业短期利润，忽视员工利益，认为企业应该净得所有利润，那么，无法调动员工的积极性，很可能企业将走向衰败。华为公司的管理者正是认识到这一点，才在保证员工利益的基础上，调动了员工的积极性，最终保证了企业的长远利润。

企业的效益与员工的收益是相互依存的，企业的效益依靠员工实现，如果企业只把目光停留在眼前，看不到企业的长远发展，不愿意通过股份制、分红、年终奖的形式与员工分享利益，那么，员工的积极性就难以被调动起来。领导者只有认识到员工的价值，和员工分享利益，才能与员工保持和谐的关系，从而推动企业的持续发展。

在当今的商业环境下，仅仅靠高工资，是很难达到效益共赢的。只有高工资和高保障双管齐下，才能把员工的干劲逼出来，达到效益的最大化。管理者可以依据自身企业的状况，选择适合自己的保障方式和奖励机制，让高保障与高工资并行，下属们自然会充满干劲，为公司的长远发展贡献一份力。

5 激励员工的五项原则

众所周知，假如一个企业人心涣散，其发展必不会长久。对此，作为老板负有一定的责任。他们往往认为：人才之所以流失、人心之所以不齐的重要原因是技术落后、发展不利。其实，问题的根源在于激励不当，或者激励缺失。

有人这样评价沃尔玛强大的向心力："沃尔玛公司的迅速崛起，主要取决于沃尔玛内部的团结与和睦。沃尔玛的员工聚在一起，就像喷发的火山一样，气势非常凶猛。"毋庸置疑，有效的激励是保证员工工作热情和工作态度的核心要素。那么，作为企业的老板，又该如何激励自己的员工、增强团队向心力呢？归纳起来，大致有以下五项原则：

第一，营造归属感，收服人心。毫无疑问，任何时候薪水都是员工奋斗的基础，在满足员工薪水要求、保障员工基本生活的同时，在公司内部积极地为员工营造一种归属感，让他们感受到集体的温暖。试问：在如此有诚意的感化下，员工又怎么会不卖力地工作呢?

有很多企业，薪酬与同类型企业相比并不具有竞争力。但是较高的薪酬仅仅只是企业留住人才的必要条件之一，愉快的工作氛围、强烈的归属感，才是让员工紧紧围绕在企业周围的真正原因。一旦员工缺乏职业愿景，没有长远的职业规划，而且没有把心思和精力用在工作上，表现出懒散、敷衍的不良习气，就说明企业内部的问题已经很严重了。

第二，通过内部联欢、轻松对话的方式，增强员工的认同感。一个优秀的企业，往往能营造出一种健康的人文环境，在员工和企业之间建立起一种互动相依的关系。员工们只有对企业产生认同感和归属感，才能对企业和生产工作担负起一定的责任。而当个人利益与企业利益相冲突时，他们才能顾全大局，坚定不移地和企业站在同一条战壕里。

第三，福利到位，解决员工的后顾之忧。影响人才流动的因素有很多，生活保障是最为重要的因素之一。住房、医疗、子女教育方面的保障，不仅能使员工感受到企业给予的温暖，还能增强员工对企业的依赖性。可见，仅仅提高员工对福利待遇的满意度还不够，还要保证福利分配的公正性、合理性和激励性。

第四，注重企业文化建设，让员工与企业同呼吸。

作为老板，如果能够从“以人为本”的角度出发进行管理，又怎么会失信于员工呢？只有发自内心地尊重、信任和关心每个员工，才能让员工们更有责任感、主动地做好本职工作。首先，可以为员工提供一个发表意见、交流心声的园地。例如办一个内刊，或是多开交流会，让领导和员工共聚一堂，总结过去的经验，规划未来的发展。最好让员工集体参加，让他们将自己真实的想法坦诚地表达出来，使老板能真实地把握员工的心理动向，从而寻找管理上的差距，加强对员工的人性化管理。

此外，老板应该对员工的生活动向多加了解。在员工过生日或有喜事的时候，一束鲜花或一份祝福都会让员工深切感受到温暖；在员工遇到困难的时候，让大家一起帮忙，既让困难的员工记住这份恩情，也增强了员工之间的凝聚力，这往往比空洞的说教更有说服力。

第五，升职激励，给员工提供广阔的个人发展空间。许多员工都希望能有一个充分施展自己才能的机会，让他们发挥自己的主动性和创造性，获得老板和同事的认可。如果公司愿意给员工搭梯子，在适当的时候提升他们的职位，使员工的个人能力和素质随着公司的发展而成长，那么公司与员工的相互认同感就会越来越强。

其实很多人的心中，都有根深蒂固的“官本位”思想，很多优秀的人才都渴望获得升迁。比如，业务员想当主管，当了主管想当经理。所以，对待优秀的人才，给他们升职、给他们荣誉和表彰是很有必要的。

总而言之，不同的企业，员工的“生命周期”也会有所差异。企业管理者要善于从行业出发，结合本公司的具体制度以及现存的激励机制，制定出有针对性的调整对策，只有这样才能真正做好全员的激励工作，把新、老员工紧密地团结在一起，真正实现做大、做强的目标。

6 把握好激励员工的“生命周期”

激励员工是管理者常做的事，它是通过各种有效的手段，对员工的各种需要予以不同程度的满足或者限制，以激发员工的需要、动机、欲望，从而使员工为了达成某个特定的目标而保持高昂的情绪和积极的精神状态。每一次激励，都是一个“需要→行为→满意”的连锁过程。

身为管理者，在激励员工之前，有必要搞清楚员工的心理需求，根据员工的心理需求去激励，才能事半功倍。比如，当员工做了一件自认为十分漂亮的事情后，你要知道：他是非常渴望得到上司的赞扬和肯定的，这就是他的心理需求。

当然，员工不仅仅是在做了一件漂亮的事情后渴望获得激励，在遭遇挫折时也渴望得到激励。只要每个激励符合这个连锁过程，那么，激励就是有效的。而要想激励符合这个连锁过程，最重要的是把握好激励员工的“生命周期”。

为什么很多员工进公司没多久就辞职了呢？除了觉得待遇不合适，职业没前景之外，还与管理者没有把握好激励员工的“生命周期”有关。一般来说，管理者在激励员工时要把握好四个重要阶段，而这四个阶段组成了员工的职业周期。

第一阶段：学习投入阶段

新员工来到公司的前六个月，往往希望获得两个定位。一是对个人职业生涯发展的定位：我在公司里有发展吗？这份工作我会干多久？这份工作能否锻炼我的能力？二是在团队里：公司对我有什么样的期望？团队成员对我有什么要求？公司的文化怎么样？在这一阶段，员工对公司创造的价值有限，这就要求管理者多投入人力、物力和精力去激励和培养新员工。

第二阶段：价值形成阶段

新员工进入公司半年到一年时间内，他们有两个最关心的问题：一是肯定自己在公司中的作用、地位和价值，二是肯定自己在同事中、行业中的地位。这个时候，管理者对员工最好的激励是多肯定他们的工作业绩，多给员工一些荣誉感。

第三阶段：能力发挥阶段

员工进入公司13～18个月，在这一阶段，员工能力是否能得到发挥，取决于两个授权：第一个授权是公司的战略、目标、策略在实施过程中与员工相关的部分，应授权他对局部的工作进行自主改进。第二个授权是鼓励员工对公司的发展战略、管理流程等方面的问题提出建议。这两个授权就是对员工最好的激励。

第四阶段：价值提升阶段

在这个阶段，管理者要对员工进行两个评估：第一是看员工是否有一定的管理眼光、积极的工作态度、良好的沟通技巧、成熟的工作方法、良好的人际关系等，第二个是看员工的实践能力。如果管理者对员工这两个评估都给予较高的评价，那么不妨告诉员工，这将是对员工最好的激励。即便管理者对员工这两个评估结果不满意，也应该开诚布公地告诉员工，指出员工应该努力的方向，这对员工也是一种有意义的激励。

事实上，把握激励的四个阶段只是一个笼统的概念，把握激励员工的生命周期，确切地说是把握激励员工的时机。时机是激励的一个重要因素，激励的时机不同，其作用和效果差别很大。用一个形象的比喻来说明，厨师炒菜时，在不同的时机放入调味料，菜的味道和质量是大不一样的。超前激励往往会使员工感到无足轻重，迟来的激励又让员工觉得画蛇添足，只有及时的激励才是最有效果的。

当员工进入新环境时，都有一种强烈的新鲜感，加之自尊心的催化作用，这时他们总想干出一些令人拍手称赞的事情来。管理者应理解员工的心理，及时给予他们热情的鼓励，这样就会点燃员工的信息网，激活员工的内心情感，使员工明确努力的方向。

当员工在某些方面获得一些成功时，他们迫切需要得到领导的称赞和认可，这个时候如果你及时肯定他，帮他总结出成功的经验，分享成功的快乐，并制订下一步的目标，他一定会更加努力，还能给其他员工起到带头作用。

当员工遇到挫折时，一般希望得到大家的帮助、支持和鼓励，如果管理者能及时伸出援手，帮员工一把，或给员工打打气，无疑会让员工体会到企业大家庭的温暖，从而精神振奋地面对挫折。

7　感情投资是一本万利的无薪激励

如果你问员工："你工作的目的是什么?"可能大多数员工都会不约而同地说："赚钱。"所以，优秀的老板首先应该让员工获得与之能力相匹配的薪酬，得到更好的福利。但是，让很多老板感到头痛的是，当员工的薪酬水平达到了一定水平、福利也有所保障时，员工还不用心对待工作，企业人员流动率仍然颇高，团队凝聚力不强。

那么，怎样才能解决这一难题呢?怎样才能让员工服从管理、忠于企业呢?

《战国策·韩策三》中的一句话告诉了我们答案，这句话叫"用兵之道，攻心为上，攻城为下；心战为上，兵战为下。"所谓"攻心""心战"，指的就是想办法征服员工的内心。而征服员工内心最有效的方法，就是对员工进行感情投资。

日本经营之神松下幸之助就是一位擅长对员工进行感情投资的老板，他曾说过：“最失败的领导，就是那种员工一看见你，就像鱼一样没命地逃开的领导。”为了让员工喜欢他，喜欢他的企业，松下幸之助每次看见员工时，都会礼貌地和员工打招呼，对员工说一声：“辛苦了。”

当松下幸之助把员工叫到办公室谈话时，每次都会亲自为员工沏上一杯茶，并充满感激地说：“太感谢了，你辛苦了，请喝杯茶吧！”正是因为在这些小事上，松下幸之助都不忘记对员工表达爱和关怀，所以，他得到了全体员工的一致拥戴，大家都心甘情愿地为他效力，为企业奉献。

对员工进行感情投资是一本万利的，日本麦当劳的创始人藤田田在自己的著作《我是最会赚钱的人》中表示，他把所有的投资分类研究后发现，感情投资是所有投资中花费最少，回报率最高的。感情投资重在对员工表达情义，让员工看到你对他们的重视，对他们的关爱，从而赢得员工的好感。感情投资可以激发出员工工作的积极性，促使员工产生巨大的创造力，这是任何一种投资都难以超越的。

吴起是战国时期著名的军事家，他骁勇善战，除了拥有带兵打仗的谋略之外，他还懂得对士兵进行感情投资。在作战期间，他与士兵同甘共苦，和士兵穿一样的衣服，和士兵吃一样的饭菜，睡觉时不铺席，行军时不乘车，在士兵心中树立了很高的威望。

有一次，一名士兵长了脓包，脓包内淤积了很多脓血，士兵痛苦不堪。吴起见状，毫不犹豫地用嘴帮士兵把脓包内的脓血吸出来。吴起身为大将军，对士兵如此关怀备至，士兵们看到后都感动不已。后来，这个士兵为了报答吴起的恩情，在战场上拼死奋战，最终战死。从这件事中，我们可以发现：如果你想让员工为你卖命地工作，就有必要对员工进行感情投资，从心理上彻底征服员工。

国外很多企业都很重视对员工进行感情投资，以留住人才，保证团队的凝聚力。比如，摩托罗拉公司通过“肯定个人尊严”来维护员工的尊严；大众汽车公司通过“时间有价证券”方式给员工提供更多的自主权；丰田汽车公司通过“没有许诺的终生雇用”来赢得员工的忠诚。通过对员工进行感情投资，这些企业很好地调动了员工的积极性和创造力，增强员工对企业的忠诚度，从而提高了团队的凝聚力和战斗力。

其实感情投资非常简单，在日常工作的一点一滴中，都能加以运用。比如，有这样一个例子：

某企业的总经理每天早晨开会时，第一句话总是：“大家早上好！”看似一句平常的问候，却能给员工带去一种轻松愉悦的心情；当员工在工作中出现失误时，他总是说：“你比以前做得好多了，以后更加细心一点，你会更出色的。”一句表扬既暗含了批评，又给员工留了面子，保护了员工的自尊心。

每天下班时，他总不忘对大家说一声：“辛苦了！”一句关切帮员工们卸下了劳累一天的精神负担。在这位总经理的带领下，企业每年都能获得不俗的效益，员工们在获得心理满足的同时，也获得了不菲的收入。大家都觉得在公司里工作，充满了价值感。

这位总经理的高明之处就在于懂得关爱员工，满足员工的心理需求。由此可见，感情投资对员工可以产生强大的感染力、征服力。

人都是有感情的，也许一个人会拒绝别人的金钱，不接受别人的礼物，但是他绝不会拒绝别人对他的尊重和关爱。特别是那些有才能的人，他们往往对小恩小惠不屑一顾，但是如果你能让他觉得你真心对他好，真心器重他，那么，他会很乐意用实际行动回报你。

作为企业的老板和管理者，只有当你真心关心、爱护员工时，你才能赢得员工的信任和好感，才能调动起员工的积极性，从而促使他们尽心尽力地工作。俗话说“将心比心”，你想要员工怎么对待你、怎么对待工作，你就先那样对待员工吧，只有当你付出了爱和真情，你才能在公司中一呼百应。

感情投资随时可以进行，但最好选择在以下几种时刻进行：

（1）当员工圆满完成工作时。当员工辛辛苦苦地圆满完成工作而你反应平淡，那么员工就会感到很失落，他会想：以后再也不如此卖力了。反之，如果你及时表扬员工，说几句贴心话，比如“你辛苦了”“你真棒，工作做得很好。”员工则会觉得受到重视，以后会继续努力工作。

（2）当员工在工作中遇到困难时。当员工在工作中遇到困难，你应该对他表示理解和支持，而不是批评和嘲讽。只有这样，才能充分鼓舞员工的斗志，使他克服困难，完成工作。

（3）当员工提出创意、表达不同意见时。有些管理者对员工提出的不同意见很反感，其实，员工敢于提出不同的意见，是值得表扬的，无论他的意见是否正确、是否可行，你都应该肯定他的勇气和思考精神，这样才能保护员工思考的积极性。

SOME TIPS FOR TEAM MANAGEMENT

第五章

批评的绝招——批评与问责，对事不对人

众所周知，批评是一把双刃剑，会激发一个人的潜能，也会抹杀一个人的雄心。管理者一定要认识到：批评员工是要讲究艺术的，所谓“运用之妙，存乎一心”，要考虑被批评者的感受，把握好批评的时机，注意批评的场合和方式，只有这样，才能取得事半功倍的效果。

1 没有什么比批评更能抹杀一个人的雄心

1921 年，美国钢铁公司的第一任总裁查尔斯·考比年薪高达 100 万美元。钢铁大王卡内基为什么给他如此高薪呢？对此，考比表示这主要是因为自己擅长与人相处。那么，考比与人相处的秘诀是什么呢？

考比说：“我认为，我能把员工鼓舞起来的能力，是我拥有的最大资产，而使一个人发挥最大能力的方法，就是赞赏和鼓励！再也没有比上司的批评更能抹杀一个人的雄心了。我从来不批评任何人，因此我喜欢称赞、讨厌挑错。”

心理学家研究发现，人类本性中最深刻的渴求就是赞美。通过真诚的赞美，可以让人的热情和潜能得以激发。高明的管理者都深谙此道，他们懂得赏识下属、鼓励下属，而不是批评下属。在赞美之下，下属们能保持愉快的心情，工作更加积极，并用更好的工作成果回报公司。

有一次，美国著名的试飞驾驶员鲍勃·胡佛从圣地亚哥表演完后，准备飞回洛杉矶。不幸的是，在返回的途中，飞机侧翼的两个引擎同时出现了故障。万幸的是，胡佛反应灵敏，操控得当，平安降落，没有人员伤亡。

在紧急降落之后，胡佛首先检查了飞机用油，他感觉似乎是燃油出了问题。果然不出他的所料，那架螺旋桨飞机装的是喷气机用油，这明显是负责保养的机械工的工作失误。回到机场，那位机械工早已紧张得说不出话来，而且一脸的痛苦不堪，眼泪沿着面颊流下来。

然而，胡佛并没有责备机械工，只是伸出双手，拍了拍工人的肩膀，说："为了证明你不会再犯错，我要你明天帮忙修复我的 F－51 飞机。"

相信胡佛的做法足以让那名机械工铭记一生，相信在今后的工作中，他不会再犯类似的错误。如果这样的事情发生在你身上，你是会像胡佛那样做？还是怒气冲冲地批评和责骂下属呢？当你清楚地知道，责备和怒骂已经于事无补时，既然下属已经知错，何不给他一个面子，保护他的自尊呢？

在工作中，下属犯错是很常见的事情，错误并不那么可怕，相反，犯错之后，下属会获得成长。因此，英明的管理者应该善于利用下属犯错来鼓励下属，帮助下属获得进步。在这一点上，美国石油大王洛克菲勒为管理者们树立了一个好榜样。

有一次，洛克菲勒的助手贝特福特经营失误，导致公司在南美的投资失败，损失 40% 的投资成本。回到公司，贝特福特做好了挨骂的准备，但洛克菲勒却没有骂他，而是拍着他的肩膀说："全靠你处置有方，替我们保全了剩下 60% 的投资成本，你干得很出色，这已经出乎我们的意料了。"在这种赏识下，贝特福特后来为公司屡创佳绩，成为洛克菲勒石油帝国中的中坚力量。

洛克菲勒的做法是明智的，他懂得从下属的错误中发现下属的成绩，通过赏识而不是批评来保护下属的自信心，激发下属的干劲。这一招非常值得管理者们学习。

全球最大的调研公司盖洛普公司曾花费25年的时间，针对全球100万个普通员工、8万个经理人进行调查，最后总结出他们的管理之道，并写成一本名为《首先，打破一切常规》的书。在书中有这样一段话：

“如果你的上司根本不表扬你，你就不得不靠自己的智慧而生存。如果你天生善于自我激励，那么你就可能在毫无表扬的情况下长期生存。然而，大部分人很快就会感到心累——面对没有表扬的环境，你可能考虑跳槽。”

针对这种现象，盖洛普的专家建议管理者们：如果员工从迟到30分钟变为迟到10分钟，你应该夸奖他。因为肯定员工的进步会让员工有良好的自我感受，促使他更加认真地对待工作。这句建议是典型的赏识激励，对引导员工走向优秀非常有益。

著名的排球教练郎平在美国担任排球教练时，经历过一件让她记忆深刻的事。当时，郎平被一个排球学校邀请去教那些业余的小姑娘学习排球。在郎平看来，那些小姑娘的技术十分糟糕。她对她们要求严格，一丝不苟地指出她们的错误。一段时间后，学员们都很怕郎平，上课的时候特别紧张，教学效果很差。

后来，学校领导邀请郎平去看一位受欢迎的美国排球教练是怎样授课的。虽然这位女教练的技术水平比不上郎平，但是她的教学效果非常出色。郎平过去一看，彻底震惊了。只见那个教练对学员们说："亲爱的，你们已经做得很好了，初学者都是这样的，你们已经很了不起了，但是如果手臂再高一点就更完美了。"或者对学员们说："我从来没见过像你这么有天赋的学员，你只需要加快速度就非常好了……"

试问一下：有谁喜欢被批评、被指出不足呢？你不喜欢，我也不喜欢，任何人都不喜欢。可是，很多管理者对待下属，就像老师对待学生、父母对待孩子一样，整天不停地挑下属的毛病，尽管下属做得够好了，他们依然不满足，丝毫不考虑对下属的打击和伤害。他们不知道，当下属遭受批评时，会感受到很大的压力，更糟糕的是，没有什么比批评更容易伤害一个人的自尊心和打击一个人的自信心了。所以，如果你想成为出色的领导者，成为下属们都拥戴的领导，请不要轻易批评下属。

美国著名的广告人大卫·奥格威创立了世界上著名的广告公司之一——奥美广告。他曾经说过："在我所有的工作目标中，置于首位的是：竭尽全力使每一个员工在公司的工作生涯成为愉快、幸福的经历。对无能为力的问题，我们的职责就是：改变嘴角的线条。"改变嘴角的线条，用带着微笑的赏识引导下属吧，那样下属会变得更加出色。

2 批评时要力争做到心平气和

员工犯了错误，领导者当然会生气，批评他们也是应该的。很多管理者认为批评下属是天经地义、无可辩驳的，有了这种观念之后，他们就会上演一幕幕愤怒地批评员工的场面："你是怎么办事的？你不会看清楚再拿来吗？""你是猪吗？怎么不长一点脑子？""跟你说过多少遍了，你怎么还不知道？""想不想干？不想干就给我滚！"……

暴风骤雨般的批评让管理者的情绪得到了宣泄，管理者也许会觉得很痛快，但是管理者是否考虑过员工的感受？事实上，对双方来说，这种批评是一场没有赢家的战斗。因为被批评者很难知错就改，相反，他们很可能表现得反感沮丧，甚至干脆消极怠工。而管理者批评员工的目的是什么？不就是希望员工改正错误，表现得更好吗？所以说，暴风骤雨般的批评是没有效果的，也是没有实际意义的。真正聪明的管理者在批评员工之前，即使愤怒到极点，他们也会控制自己的情绪，尽量心平气和地批评员工。

一旦员工没有完成任务，领导者则认为这是员工工作不努力造成的，于是你就严厉地批评员工，并认为这是理所当然的。但是，如果你停下来，让自己思考片刻，并在准备怒吼之前想一想造成员工没完成任务还有哪些可能性的原因，例如，员工的孩子生病了，员工身体不舒服等，那你对员工的态度是不是不应该过于严厉？这时，你应该同情他、帮助他，而不应该怒气冲冲地批评他。美国著名的激励大师戴尔·卡耐基曾经就通过这种片刻的思考，避免了一次大发雷霆的批评。

多年以前，卡耐基的侄女约瑟芬离开堪萨斯城的家，来到纽约做他的秘书。当时约瑟芬只有19岁，办事经验十分欠缺。有一次，卡耐基发现约瑟芬犯了几个常识性的错误，在他看来这些错误是不可思议的，就在他准备严厉批评约瑟芬时，他这样提醒自己："慢着，且等一等，戴尔·卡耐基……你的年纪比约瑟芬大一倍，你处世的经验也高过她一万倍。你怎么能希望她具有你的观点，你的判断力，你的见解呢？戴尔，在你19岁的时候，你做了些什么？记得你那笨拙、愚蠢的错误吗？"

当卡耐基认真地思考这些后，他发现约瑟芬的表现比当年的自己强多了。所以，从那以后，他发现约瑟芬的错误时，总是这样温和地提醒她："约瑟芬，你犯了一点错，可是老天爷知道，这些并不比我所犯的错误更糟……如果你照这样去做，你想是不是更聪明一点吗？"

不管是对其他人，还是对你的下属，暴跳如雷的批评或斥责都会让他被负面情绪笼罩。这种批评不会对事情的发展有建设作用，只会起到破坏作用。因此，管理者在批评员工时一定要体察自己的情绪，要力争做到心平气和。当你平和地指出员工的错误，而不是怒斥他的错误时，员工接受起来就会更容易了。

如果你无法让自己立即冷静下来，你可以把自己从当时的情境中抽离出来，等到第二天再来处理员工的错误，也许过了一个晚上，你对事情的看法和感受就会发生变化，即使没有发生变化，但你可以针对员工的错误收集更多的信息，使你在批评员工时做到更加公正客观。

如果你没有充裕的时间延后对员工的批评，你可以在批评员工之前深呼吸一下，然后从1数到10。如果你还需要多的时间调整心情，那你不妨问对方："你能不能告诉我，你为什么这样做?"这个问题可以帮你争取一些时间来平复心情，而对方的回答也许与你的主观想象大不相同。

总之，在批评员工时要"先冷静思考，再行动"，而不是"先暴怒批评，再后悔"，这样可以让你避免陷入负面的连锁反应中，也可以避免你未了解事情而误解员工。有一位管理者表示，他经常在怒火冲冲地批评下属一番之后觉得自己也做得不对，他感到后悔的是：自己的怒斥给下属造成了伤害，大家的关系也变得糟糕了。所以，管理者一定要吸取教训，尽量在批评员工之前控制好情绪，力争做到心平气和，这样于人于己都有好处。

3 允许下属犯"合理"的错误

人人都会犯错，管理者同样如此。如果你说你不会犯错，那么你就不是一个好领导。正如管理大师彼得·德鲁克说的那样：“从来没有犯过错误，也从来没有过失的这种人绝不可以信任，他或者是一个弄虚作假者，或者只做稳妥可靠的琐事。”

实际上，很多企业都流淌着一种“不求有功，但求无过”的风气，员工有了问题要么瞒着不说，要么把责任推给别人，在他们身上看不到责任意识和进取精神，而造成这种状况的最大原因就是领导者的管理方式，他们不允许员工犯错，所以员工才会掩饰错误。

英国著名的喜剧演员、编剧、电影制作人约翰·克里斯曾经说过一段非常深刻的话：“在不容许犯错误的组织里，你会看到两类适得其反的行为。首先，因为错误是‘不好的’，所以如果犯错误的是高层的人，那么从这些错误反馈回来的信息必须要被忽视或者被选择性地重新解释，这样高层的那些人才能假装没有错误发生。因此，这些错误不会得到纠正。其次，如果犯错误的是组织下层的人，那么这些错误就会被掩盖。”

约翰·克里斯告诉我们，如果我们太过强调“错误”的消极性，特别是企业高层管理者容不得下属犯错误，那么企业自上而下，大家都会“合起伙”来掩盖错误。甚至当发生危害企业财产和员工生命的事故时，大家都会隐瞒不报或虚假上报。这就像历史上的蔡桓公讳疾忌医，最终的代价是丢掉了自己的生命。

身为企业管理者，有必要认识到一点：如果不允许下属犯错误，那么错误将会一直存在下去，甚至会引发更大的错误，这对一个企业的生存和发展是十分可怕的。相反，如果允许下属犯错，宽容下属的合理错误，帮助下属从错误中吸取有益的成分，那么错误就会成为一种有益于未来的投资。这一点在世界诸多企业都有经典的案例。

1984 年，微软公司推出了 Excel 软件，可是由于其中一个错误而损失惨重，该产品经理担心会被公司解雇，于是硬着头皮找到比尔·盖茨解释此事。没想到比尔·盖茨只是对他说："今天你让公司损失了 2500 万，希望你明天能表现得更好一点。"如今，"勇于尝试，必有所得"已经成为微软的一种风气，而当年那位产品经理——杰克·雷克斯，已经成为微软公司的顶级人物之一。

在美国 IBM 公司也有类似的故事，据说 IBM 有个员工犯了一个错误，造成了 1000 万美元的损失，他怀着惴惴不安的心情找到老板小沃森："我是不是该卷铺盖了？"小沃森说："你疯啦？我们刚刚为你交了 1000 万美元的学费，你想我们会让这么一大笔资产从公司流失掉吗？"

在石油大王约翰·洛克菲勒身上，也发生过类似的事情。他的一位生意合伙人爱德华·贝佛由于一时大意，在南美经营的一桩生意出了差错，使公司一夜之间损失了近百万美元。几乎所有的人都认为贝佛会被洛克菲勒责骂一顿，但是洛克菲勒并没有这么做，他只是对贝佛说："恭喜你保全了我们剩余的 60% 的投资，棒极了，我们没有办法做到每次都那么幸运。"此后，贝佛在工作中加倍努力，为公司创造了巨大的经济效益。

比尔·盖茨、小沃森、洛克菲勒，这些世界顶级企业家在面对员工的错误时，不约而同地选择了宽容，他们知道，犯错是正常的，只有让员工从错误中吸取教训，员工才能进步。正是他们的宽容赢得了下属的忠心和努力，最终为企业带来了源源不断的收益。由此可见，这些企业家是多么的英明，他们之所以把公司经营得如此成功，与他们允许员工犯错是分不开的。

任何人都难免会犯错误，作为管理者，要做的是对员工的错误进行深入具体的分析。哪些错误可以允许，可以原谅，哪些错误是不能饶恕的、必须杜绝的。对于是“合理”的错误，如员工能力不足、经验欠缺，导致在探索与创新中犯了错误，管理者要学会原谅和宽容，并引导员工从错误中寻找原因、汲取教训，不断进步。

某集团有几位年轻的技术人员在试制一款新开发的产品时，为了提高产品的优良率，他们对产品的结构做了相应的调整。没想到这一调整不但没有提高产品的优良率，反而导致产品的优良率猛跌。公司领导得知这一情况后，丝毫没有责怪员工，而是鼓励他们再接再厉，努力开发出更优秀的产品。该集团能够持久地发展，与领导允许下属犯“合理”的错误是分不开的。

现实中，有些管理者不允许员工犯错，认为员工犯错会增加企业的成本。殊不知，员工因害怕犯错而变得不敢探索，不敢创新，总是跟在别人后面亦步亦趋，这样就很难创造性地工作。正确的态度是允许犯“合理”的错误，这样才能敢于做好探索性、挑战性强的工作，在“吃一堑”中“长一智”，不断总结经验和教训，逐步走向成熟。

有位美国记者问稻盛和夫："为什么京都半导体会如此成功?"稻盛和夫说："因为我们从来不因为员工失败而处罚他们。如果一个员工在某项工作中犯了错、遭遇了失败，我们会立刻给他另一项任务……虽然前一个计划失败了，但是那个员工还是从中学到不少，并可以凭借过去的经验再向前迈进。"

与"合理"的错误不同，有些错误是不能允许的，例如员工明显违规犯法或主观恶意、屡教不改等。至于员工犯了错误不承认，还千方百计隐藏、推诿，这是错上加错，更加不可以原谅。面对员工的这种错误，管理者必须严厉的处罚和打击，才能避免员工放纵、不负责任，给企业造成不可挽回的损失。

4 批评和训斥的场面话要拿捏好

自古以来，中国就素有"礼仪之邦"的称号，这种礼仪之风也赋予了国人一种能力：待人接物尽量客气，讲话尽量委婉。由此便形成了一种人情社会，那就是不当面拒绝、不当众批评、多顾及场面。这种约定俗成的规则其实是一种礼仪和文明的体现。身为管理者，在管理中也离不开这种"礼仪"，尤其是在管理者批评下属时，更应该照顾对方的情面、顾及对方的感受，多说一些宽慰人的场面话，这样才能让下属更好地接受批评。

高明的管理者在批评下属时，往往选择欲扬先抑、旁敲侧击、弦外之音等“软着陆”的批评法则。软着陆就如同飞机降落时的一个缓冲器，这样可以减少飞机降落后的惯性，让飞机更加平稳地停下。在批评中，软着陆的方式可以给人一个适应和缓冲，让人逐渐进入到被批评的情境，避免由于突然的批评而带来的伤害。

1923年，卡尔文·柯立芝登上了美国总统的宝座，成为美国第30任总统。这位总统少言寡语，被人们称为“沉默的卡尔”，但他有时候也会做出出人意料的举动。

柯立芝的手下有一位漂亮的女秘书，她经常在工作中因粗心大意而出错。一天早晨，柯立芝见秘书穿着一件漂亮的新衣服走进办公室，便对她说：“今天你穿的这件衣服真漂亮，非常适合你这样年轻漂亮的小姐。”

女秘书听到总统的夸奖后，感到受宠若惊。接着，柯立芝说：“但你也不要骄傲，我相信你能把公文处理得像你的衣服一样漂亮。”果然，从那以后，女秘书在公文上很少因为粗心大意而出错。

一位朋友得知这件事后，就问柯立芝：“你是怎么想出这个妙方的？”柯立芝说：“这很简单，你看见过理发师给人刮胡子吗？他们总是先给人涂肥皂水，这是为了刮胡子时使人不痛。”

柯立芝运用的就是软着陆的批评方式，他在批评女秘书之前，先客气地恭维了女秘书的衣服漂亮，然后又借漂亮的衣服委婉地批评了女秘书的公文处理效果有待加强。从案例中我们可以发现，这种恰当的场面话在批评中起了很好的作用，也取得了很好的效果，女秘书明白了总统的言外之意，很自觉地改正了自己的不足。

管理者有必要明白一点，批评员工的目的不是让员工受到打击，而是为了让员工改正错误、不断进步。因此，在批评员工时就有必要考虑员工的感受。如果有一种批评方式可以让员工心悦诚服地接受你的批评，而这种方式只要求你在批评前多说几句客套话或多做一些铺垫，试问你愿意这么做吗？日本“经营之神”松下幸之助的回答是“愿意”。

松下幸之助曾经说过：“任何人都难免犯错误，即使是一些职务很高的人也不例外。对于我们公司干部的过错，我绝不会视而不见，对他们采取姑息宽容的态度。相反，我要提出书面批评，提醒他们改正错误。”不过，松下幸之助把书面批评给员工时，往往会客客气气地说一番场面话，让员工以轻松的心态接受他的书面批评。

有一次，松下幸之助对一个犯了错的干部说：“我对你的做法提出了书面批评。如果你对我的批评毫不在意，我们的谈话就到此为止；如果你对此不满，认为我太过分了，我可以作罢；如果你心服口服，真心实意地认为我的批评有道理，那么这会使你付出一定的代价，但它对你仍然是值得的。”

那个干部听了松下幸之助的话后，很诚恳地说：“我明白了。”

松下幸之助说：“太好了，我会十分高兴向你提出批评。”正当他把批评书交给那个干部时，那个干部的同事和上司来了。

松下幸之助说："你们来得正好，我写了批评书给他，现在让他读给你们听。"

那个干部读完批评书后，松下幸之助说："你们是幸运的，如果有人这样向我提出批评，我会感到由衷的高兴。但实际上，如果我做错了事，你们恐怕只会在背地里议论我，绝对不会当面批评我。这样，我就可能在不知不觉中犯同样的错误。职位越高，受到批评的机会就越少，你们的幸运就在于，有我和其他领导监督、批评你们，而这种机会对我来说是求之不得的。"

松下幸之助对下属的批评方式委婉含蓄、合乎情理，尤其是他最后说的那段话，更是透着一种厚爱，让人听后觉得非常有道理也深受鼓舞。

然而，有些管理者在批评下属时，不管事情的缘由，不管时间和场合，也不给下属半点心理准备，张口就训斥员工一通，不给员工任何阐述理由的机会，也不管员工是否心服口服。这种批评方式很容易把自己推到员工的对立面，使上下级之间的关系恶化，使管理者的形象大大受损。

聪明的管理者在批评员工之前，懂得先谦虚一把，比如先说自己也有什么不足，然后再指出员工的缺点和错误。或者在批评员工之前，先肯定员工的优点，这样员工更容易接受，效果也往往会更好。总之，高明的批评需要拿捏好尺度，试着多说几句礼貌的客套话，你的批评将会更加容易被员工接受。

5 巧妙暗示比直接批评更有效

当面指责、批评员工，很容易招来对方的反感、反抗情绪，而巧妙地暗示，让对方意识到自己的错误，并且不露声色地保护了对方的自尊心，对方会感激你，会真诚地改正错误。所以说，巧妙暗示比直接批评更有效。身为管理者，有必要掌握巧妙暗示的批评法则，这样可以避免在批评员工时引起员工的抵触、造成大家不愉快。

费城的范纳梅克先生，经营着一家百货公司，每天他都会去百货公司一趟。有一次，他看到一位女客人在柜台前等着买东西，可是没有售货员去招呼她。售货员都去哪里了呢？他循声望去，发现几位售货员都聚在柜台远处的一角谈笑风生。

范纳梅克没有批评售货员们，而是一声不响地走向柜台，亲自招呼那位女顾客，然后他把成交的货物交给售货员包装，他自己就走开了。在这个过程中，范纳梅克一句都没批评售货员们，但是大家都意识到了自己的错。从那以后，再也没有售货员在工作期间聚在一起聊天了。

巧妙暗示的批评法则最大的特点是具有一定的隐蔽性，这种隐蔽性很好地避免了管理者在批评下属时与下属直接对立，避免引起尴尬和不快。例如，当某个员工对你过分献殷勤，一会儿问你要不要咖啡，一会儿向你打听工作进度，而你正在处理一份重要的工作。这个时候你可以委婉地对他说："我看还是小苏很好，她总是安安静静的。"

这句话巧妙暗示了这位下属不要和你太亲近，他自然会明白你的委婉批评。这种批评方法不仅不会暴露你的不满，又维护了下属的面子和自尊，同时还能让下属认识到自己的错误，使他积极主动地改正错误。

巧妙暗示的批评方式有多种形式，相比于前面案例中的做法，这些暗示法也许稍微复杂了一点，但在管理实践中也很有借鉴意义。

（1）以故事暗示

当员工犯了错误，你不好直接批评他时，你可以给他讲一个与这个错误相关的故事，通过这个故事讲明一个道理，既生动形象，又增强了对批评者的教育力。

老板让员工小胡负责记录公司的考勤情况，小胡觉得这个工作很容易得罪人，所以不愿意干，他说："过去我做事坚持原则，得罪了不少人，我不想再得罪人。"

老板没有批评他胆小怕事，而是讲了一个故事："某电影制片厂的导演想拍一部影片，四处寻找合适的演员。一天，他终于找到了合适的人选。这个人被选上了，非常高兴，特意理了发，换了新衣，还特意去医院拔掉了两颗犬牙。当他兴致勃勃地去面试时，导演却失望地说：'你身上最珍贵的东西就是那两颗犬牙，但是你把它们当成缺陷给毁了，现在影片不需要你了。'"

故事讲完之后，小胡明白了老板的弦外之音，知道坚持原则，办事认真是他最珍贵的品格，于是他接受了老板的工作安排。

如果老板直接批评小胡胆小怕事、不敢接受挑战，也许不但说服不了小胡，反而还会激起小胡的逆反心理，引起双方不愉快。但聪明的老板借用一个故事，巧妙地暗示了小胡，委婉地表达了批评之意，使小胡主动接受任命。

（2）以笑话暗示

笑话，言语诙谐，幽默有趣。一则笑话可以增添谈话的幽默感，可以缓和批评带来的尴尬气氛，可以让员工在轻松的状态下接受批评。

有位员工向领导反映，午间休息时，有些同事不安静，影响了大家休息。领导找到不安静的同事，跟他们讲了一则笑话：

有位老人晚上入睡很难，恰好楼上住着一个上晚班的小伙子，小伙子每天晚上回家，双脚一甩，鞋子咯噔两下，重重地砸在楼板上，每次老人好不容易睡着，就被这声音惊醒。为此，老人多次找小伙子说这件事。

有一天，小伙子习惯性地把一只鞋子甩在地板上，忽然想起了楼下的老人，于是轻轻将另一只鞋放下来。第二天，老人埋怨小伙子："你每次甩两只鞋，把我吵醒之后我还可以重新入睡，可昨晚你只甩一只鞋，我一直在等你甩第二只鞋呢，搞得我一夜未眠。"

笑话讲完，几位不安静午休的员工纷纷意识到领导的委婉批评。

（3）以逸轶闻暗示

逸闻是指世人不大知道的事迹和传说。用逸闻暗示别人，既可以增添批评的趣味性，又能让被批评者意识到自己的错误。而且通过名人逸事的影射，还能使被批评者感到自豪。

在电脑还未普及的年代，从这些巧妙暗示中，我们可以发现批评的艺术是高深的。管理者在运用时，一定要用得恰当，用得巧妙，要结合具体对象来运用。对于那种屡教不改、错误严重的员工，用暗示的批评方法是不适用的，而要给予严厉的批评甚至处分。对于那些自尊心强、自我反省意识强的员工，用暗示的批评方式才是最有效的。

6 “胡萝卜+大棒子”，让下属自己认错

在管理学上，有一个著名的理论叫“胡萝卜+大棒子”。这是一种暗喻，指的是运用奖励和惩罚相结合的手段，诱发他人做出你希望的行为。它源于一个古老的故事：有个人想让驴子走快点，就在它前面放一个胡萝卜，或在后面拿着棒子赶驴子。

无论是用胡萝卜引诱，还是用大棒威逼，抑或是两种手段相结合，都是有效的激励方式，对激发人的潜能具有重要的作用。这与俗话说的“打一巴掌，给两颗甜枣”的道理如出一

辙，因为打了下属“一巴掌”，给下属造成了一定的创伤，给“两颗甜枣”可以抚慰下属内心的创伤。这样恩威并施、软硬结合，可以更好地激励下属、驾驭下属。日本索尼公司的创始人盛田昭夫就非常善于运用这种激励手段。

有一年，索尼的一家分公司生产的产品不合格，结果总部受到了很多客户的投诉。经过深入的调查，发现这种产品之所以不合格，主要原因在于包装有问题，而不是产品的内在质量有问题，于是公司立即决定更换产品包装。

原本更换产品的包装之后，问题就迎刃而解了，可是盛田昭夫不想就此罢休，他把这家分公司的经理邀请到总部参加董事会，要求他在会上对这一错误作陈述报告。当分公司经理做完陈述，盛田昭夫当众严厉批评了他，并要求全公司以此为戒。

该分公司经理在索尼公司工作了几十年，头一次在众人面前被如此严厉地批评，尴尬之余，他忍不住失声痛哭。会后，该经理迈着沉重的步子走出了会议室，心里在考虑是否要提前退休。这时盛田昭夫的秘书走过来，邀请他一块儿去喝酒，但他根本没有心思喝酒。在秘书的强拉下，两人走进了酒吧。

分公司经理说：“我是被总公司抛弃的人，你怎么还请我喝酒?”

秘书说：“董事长虽然批评了你，但并没有忘记你为公司所做的贡献，今天的事情也是出于无奈。会后，他知道你为此事很伤心，特意叮嘱我来请你喝酒。”在喝酒的时候，秘书说了一些安慰的话，缓和了该经理的情绪。喝完酒后，秘书送经理回到家。

刚进家门，该经理的妻子就迎上来对他说："你们总公司对你真重视！"

经理听了觉得很奇怪，难道妻子是讽刺自己吗？这时，妻子拿来一些鲜花和一张卡片，卡片上写着："今天是你和妻子结婚20周年的纪念日，祝福你们。"

在妻子的解释下，该经理恍然大悟起来。原来，索尼总部对每位员工的生日、结婚纪念日都有记录。每当这样的日子，公司都会给员工准备礼品或鲜花。只不过，今天的鲜花有些特别，那是盛田昭夫特意订购的，并附上了亲手写的卡片，以勉励该经理继续为公司效力。

盛田昭夫真不愧是一位高明的批评专家。他在众人面前狠狠批评了犯了错的分公司经理，这完全是出于公司利益的考虑。批评之后，盛田昭夫让秘书邀请分公司经理喝酒，还给他送花送卡片，这又体现了对他的重视和关爱，以安抚他的失落心情，免得他被批评彻底打垮了。盛田昭夫的这种批评方式，在索尼公司内为美谈，大家称它为"鲜花疗法"。

其实，鲜花疗法就是在用"大棒"痛打员工之后，给员工递上的可口的"胡萝卜"，也是在打了下属"一巴掌"之后，给下属递上的甜甜的"两颗枣"。面对下属的错误，管理者绝不姑息纵容，但是批评之后，也不应忘了安抚员工受伤的心。这种宽严结合、软硬兼施的管理手段既能警示员工不再犯同样的错误，又可以很好地激励员工为企业效力，真可谓一举两得。

美国著名企业家玛丽·凯曾经说过：“决不可只批评不表扬，这是我严格遵循的一个原则。你无论批评什么表现或者批评哪个人，也得找点值得表扬的事情留在批评后。这叫‘先批评，再表扬’。”高明的管理者在批评下属之后，不论是表扬下属，还是安慰下属，都能给下属传递这样的信息：我之所以批评你，是因为我重视你，这就是“爱之深，责之切”的道理。这样可以激起下属奋发图强之心，使下属对企业死心塌地。

7 发过火要做好善后工作

管理者在人、财、物方面享有绝对的支配权的同时，也要承担相当的责任。当下属工作不努力，任务完不成，或工作中出现差错时，最高领导者一定会追究管理者的责任。因此，责任也意味着是一种压力。长期处于压力下的管理者心情难免比较紧张，当遇到不服从自己、表现糟糕或严重犯错的下属时，就比较容易感到烦躁甚至大发雷霆。

其实，管理者发火不仅是一种宣泄情绪的方式，也是震慑下属的手段，可以对下属起到警告和惩戒的作用，有时候这远比和风细雨的批评有效得多。在管理过程中，偶尔发一通火，严厉地批评下属，是管理者促进工作、推进管理的行之有效的一种方法。

然而，发火归发火，发火之后不能手一甩，扭头就走，而要做好“善后”工作，安抚下属受刺激的心，这样“火势”才不至于蔓延开来，“烧伤”你的员工。因为不论怎么高明的发火，或多或少都会伤人，只是伤的轻重程度不同而已。因此，发火之后及时进行善后处理，对别人是一种情感补偿。毕竟，人与人之间，虽然有职位的高低和地位的尊卑，但人格是平等的。那么，发火之后如何进行善后呢？我们不妨来看一个经典案例。

有一次，日本松下公司获得了一份大订单，松下幸之助十分重视这个单子，特意把它交给一向沉稳的冈田负责。然而，让松下幸之助失望的是，冈田在负责这个单子时因一个很小的疏忽，把这笔生意搞砸了，让“煮熟的鸭子”飞了。

松下幸之助十分生气，他把冈田叫到办公室，对他大发雷霆。由于当时情绪激动，他一边发火一边把自己的手杖重重地敲打在地面上，结果把手杖敲弯了。

一阵“狂风暴雨”之后，冈田像是霜打的茄子，变得垂头丧气。当他准备走出去时，松下幸之助叫住了他，然后用很温和的语气说：“对不起，我的手杖弯了，你能否帮我把它弄直？”

冈田无奈地拿起手杖，用力地在地上敲打，内心的不良情绪也随着这一次又一次的敲打得到了发泄。当他把手杖敲直交给松下幸之助时，松下幸之助笑着说：“干得很好，我的手杖比之前更直了。”

松下用了高明的一招，在严厉斥责下属之后，马上进行了善后处理，他的善后处理方式是用和风细雨的语气，对下属表达肯定。这种肯定向冈田所传达出的信息是：松下幸之助刚才对他的批评是对事不对人的，尽管松下幸之助批评了他，但松下依然欣赏他。果然，冈田被肯定之后转忧为喜。后来，他一直忠心效力于松下公司，是松下幸之助最得力的帮手之一。

在管理过程中，管理者对下属发火动怒是正常的，因为这样可以树立管理者的威信，可以威慑下属，防患于未然，避免下属重复犯错。但是更要合乎人情、合乎感情，一味地发火并不能解决问题，即便解决了问题，也容易给下属留下“伤疤”和阴影。毕竟下属也是有血有肉、有情有感的，所以，发火之后一定要记得及时做好善后工作。

高明的管理者既能狂风暴雨，又能和风细雨，既敢于大发雷霆，又懂得及时善后。正确的善后要针对不同性格的对象有区别地对待。有的下属性格大大咧咧，是个粗人，你对他发火，他一般不会往心里去。对于这种下属，你要做的善后工作是三言两语，象征性地说几句宽慰的话；有的下属通情达理，你对他发火他能明白其中的是非对错，能够谅解你，那么你就不需要花大工夫去善后了；有的下属自尊心强，死要面子，你对他发火，他可能对你耿耿于怀，甚至铭记于心，对于这种下属，善后工作要细致而诚恳，既要好言安抚，还要找机会表扬他。

善后既是一种管理手段，也是一种高明的艺术，要体现出“明暗相济”的特点。什么是“明”？“明”就是当众善后，例如，登门拜访，亲自谈心，解释你发火的原因，甚至“道歉”，让下属有面子，这样下属对你的怨恨就很容易烟消云散。

什么是“暗”？“暗”就是背地里进行善后，你可以采取拐弯抹角、借东风的方式，让第三者给他讲好话，并适当说些自责的话，使这种善后的语言通过第三人传达出去，这样更容易打动人、感化人。你还可以在对方遇到困难时，暗中帮助他，待他明白真相后，自然会由衷地感激你。

SOME TIPS FOR TEAM MANAGEMENT

第六章

授权的绝招——管头管脚，但不要从头管到脚

做管理，最忌讳的就是事必躬亲、一切包办。要知道，领导之妙恰恰在于“管头管脚”，而不是“从头管到脚”。老板抓大放小、合理授权，员工的积极性和创造性得以充分调动，这样的企业自然会干劲十足、充满活力。

1 事必躬亲，没有当领导的命

一位企业老板说："很多人把事必躬亲当成一种美德，刚创办公司时我也不例外，但随着公司的规模越来越大，我越来越觉得事必躬亲的负面作用很大。虽然我还是那么能干，但公司的整体工作效率却不见提高，我逐渐意识到这是事必躬亲带来的恶果。"

管理者事必躬亲会带来怎样的恶果呢？首先，管理者全面管理、包办一切，员工的创造性和价值就很难在公司发展的过程中体现出来，这样员工的积极性就会受到严重的打击。慢慢地，员工就很容易养成被动干活的习惯，当公司出了问题时，他们没有主动解决的意识，而是等着领导来处理，而领导者却感到越来越累。

对于那些有能力、有才华、比较上进的员工来说，他们比普通人更希望展现自己的价值，一旦他们在工作中没有机会发挥才能，他们就很容易产生一种压抑感，积怨久了，他们就可能递上辞呈，这是不难预料的事情。

汉斯是美国一家大百货公司的老板，虽然公司规模很大，但其依旧采用小店铺的管理模式，对公司的上上下下逐个把关。

哪个管理者做什么，该怎么做；哪个员工做什么，该怎么做，他都会细致入微地布置。

有一次，他好不容易抽出时间和家人去拉斯维加斯度假，可是才出门两天，反映公司问题的邮件和电话就源源不断，而且大都是一些琐碎小事。这使汉斯不得不提前结束这次假期，尽早回到公司处理那些琐碎问题。

如果汉斯在管理过程中不那么事必躬亲，把各个部属的职责安排清楚，让每个部属各司其职，公司还有那么多琐碎事情需要他处理吗？造成现在这种问题的根本原因，就是汉斯管得太多、管得太宽，由于他事必躬亲，滋长了部属和员工的惰性、依赖性，以至于公司离开了他便无法正常运转。

无独有偶，山东一家玩具厂的老板也遇到了同汉斯一样的情况。他每天早晨起床后，就开始了忙碌的一天。企业里大大小小的事情他都要过问一下，招聘员工、客户退款、签订合同、制订销售计划、把关产品质量、接待工商局的审核……事无巨细，全都经手他才放心。

后来，老板觉得这样做不好，于是就象征性地放了权，他是怎么做的呢？他增设了几个副总的职位，让他们分担自己的工作。但是在大部分的决策、财务问题、人事任免，他依然一手抓。因此，几位副总经常大事小事找他签字，他依然轻松不起来。

面对同行竞争的压力，该老板感到力不从心，他感觉自己的身体状况越来越差了。有人问他为什么不放手让下属去做他们该做的事情呢？他回答说：“我也想让下属做他们该做的事啊，可是现在这年头，连亲爹都不能信，下属们办事我又怎么放心得下呢？”

这位老板由于不信任下属，觉得没有人才可用，于是大事小事都亲力亲为，这就是他身心疲惫的根本原因。这位老板是典型的“小货郎”心理，他就像一个卖杂货的小货郎，一个人把整个企业挑在肩膀上。当企业规模小时，这样做也无妨，但企业规模庞大时，一个人怎么挑得起一个大企业呢？

我们经常听到一些老板自夸地说：“我就是整个企业的主心骨，离开了我企业就不能正常运转。”在这种自夸的背后，其实企业隐藏着巨大的危机。因为凡事都要老板出面的企业才能正常运转，最终会累垮老板。

很多中小企业的老板，由于长期紧张的工作、频繁的应酬，往往导致他们过早地出现健康问题。近年来，我们经常听到一些优秀的企业家英年早逝的消息，留给公司的只是无尽的忙乱和永远的遗憾。对此有人评论中国的中小型企业老板：“40 岁之前用命换钱，40 岁之后拿钱换命。”所以说，事必躬亲的人没有当领导的命，因为事必躬亲太累了，最后会累死，累死了又怎么当领导呢？

著名的教育改革家魏书生说过：“局长不做副局长的事，副局长不做股长的事，股长不做办事员的事。这样，人人有事干，人人乐于干事。”可见，真正有智慧的领导是在其位，谋其政，不在其位，不谋其政。如果你想成为优秀的管理者，那就用好手下的人，做好分内的事，努力为下属搭建舞台，放手让下属去干。

2　走出办公室，总经理才能施展开拳脚

有人说："屁股决定脑袋。"意思是，一个人坐在什么位置，其眼界就容易被那个位置限制。正如青蛙坐井观天，眼界只有井口那么宽，眼睛只能看见井口上空那片天，其思维也很狭窄，在这种环境下怎么施展得开拳脚呢？

现实中，有些管理者就像坐井观天的青蛙，总是习惯于坐在办公室里，不愿意走出办公室，他们不知道走出办公室的意义有多大。一位从事多年管理工作的企业家说："我一直认为，喜欢走出办公室的老板容易成功。"因为走出办公室可以开阔眼界，增长见识，还能收集更多的产品信息、市场信息和竞争对手信息，从而为做出更具前瞻性的、创造性的决策提供信息支持。

著名的管理学者彼得斯和瓦特门在他们共同出版的著作《追求卓越》一书中表示："在卓越的企业中，高层主管不是坐在豪华的办公室里等待部属的报告，而是在忙碌的企业管理之余，抽时间在各部门和企业之外走动走动。"他们建议管理者至少把一半的时间用在办公室之外，去了解员工的工作状况，去了解企业的产品营销情况，去搜集一线的市场信息，以弥补下传上达过程中造成的不足。

为什么这么说呢？因为通常来说，一条信息在经过多人多次转述后，容易对信息造成过滤，影响信息的真实性，从而影响领导者做出正确的决策。再者，管理者如果只坐在办公室等

待下属汇报信息，那么就很难在第一时间了解信息，快速制定策略，而走出办公室，主动去了解信息可以很好地避免这些问题。比如娃哈哈集团的创始人宗庆后就喜欢走出办公室，去了解对企业发展有益的信息。

作为一家大型企业的老总，宗庆后资产上百亿，每天他都很忙，但无论怎么忙，他都会抽空走出办公室，去了解了解市场。据说一年 365 天，宗庆后有 200 多天在市场一线跑。曾有人问宗庆后："娃哈哈是怎么成功的？"他的回答是："娃哈哈的成功是跑市场跑出来的。"

宗庆后从来不请那些国内外知名的营销咨询公司做市场调研，他相信自己跑市场时的亲眼所见、亲耳所听。通过跑市场，宗庆后获得了很多在办公室根本无法获得的第一手信息，比如新产品的口感如何？包装好不好？宣传效果怎么样？竞争对手在做什么？等等。

通过跑市场了解的宝贵信息，宗庆后做了许多英明的决策。决策执行之后，他还会通过新一轮的跑市场去验证自己的决策是否正确，看是否有需要调整和补充的地方。这样他的经营思路就变得越来越清晰，决策也越来越准确。

20 世纪 80 年代末，中国饮料市场经历了前所未有的危机。稍有市场竞争力的饮料企业都被美国可口可乐公司和百事可乐公司兼并，民族饮料企业毫无对抗的实力。在这种背景下，宗庆后依然坚持走出办公室，走入市场第一线，由此研究出两大可乐的营销空白点。经过多次市场调研，他终于找到了市场的切入口，打响了自己的品牌，如今娃哈哈已经和两大可乐公司呈现三分天下的局势。

在这个竞争愈发激烈的时代，企业要想从容应对竞争、稳步快速地发展，领导者就要眼观六路、耳听八方，多方面收集有益于企业发展的信息，多借鉴同行企业的经营优点，多关注市场的形势变化，而这一切仅靠坐在办公室里，靠听下属汇报是很难做好的。聪明的管理者知道，每天坐在办公室里的领导是无法经营好公司的，只有经常走出办公室，领导才能施展拳脚，企业才有发展的希望。

经常走出办公室，不仅可以增长见闻、收集信息，还可以了解员工的工作进度和工作效率，鼓舞下属的斗志，培养企业领导者的亲和力。试想一下，员工在生产一线工作，领导者走过来与员工打招呼，对员工表达关心和慰问，员工是不是会受到激励呢？当领导者经常性地走近员工，与员工打成一片时，领导者与员工的距离是不是在慢慢拉近呢？领导者的亲和形象是不是树立起来了呢？在这一点上，日本索尼公司的创始人盛田昭夫为我们做出了榜样。

盛田昭夫是一个非常有亲和力的领袖，只要有空闲他就会走出办公室，到生产一线去和员工接触，去各个分店转悠，找机会与员工沟通。他认为走到员工中去，有助于拉近与员工的距离，可以更好地了解员工，倾听他们的意见，使大家在一个轻松、透明的环境中工作。

有一次，盛田昭夫到东京办事，由于时间充裕，他就去了一家挂着“索尼旅行服务社”招牌的小店，进去后他对店员说：“相信你们在电视或报纸上见过我，今天我特意来和你们打个招呼，让你们看一看我的庐山真面目。”

大家平时只在新闻媒体上见过盛田昭夫，这次亲眼看见他，感到特别亲切，气氛一下子变得轻松起来。盛田昭夫在店里转了转，和员工随意交谈起来，很好地促进了大家之间的关系。

还有一次，盛田昭夫去美国加州的帕罗奥图市参观索尼公司的一家分支研究机构。参观活动结束后，盛田昭夫欣然答应研究机构一位美籍经理和他合影的要求。之后，盛田昭夫还主动邀请其他员工来合影，就这样大家很荣幸地与盛田昭夫来了一次亲密接触。

正是靠着这种“走动”，盛田昭夫很好地培养了自己的亲和力，激励了企业员工，使大家紧密地团结在一起，在激烈的市场竞争中走在行业的前列。

走出办公室，走近企业员工，这对管理者来说，是塑造个人形象的重要方式，也是管理者个人魅力的重要体现。每个员工都希望获得企业最高领导的激励，哪怕是打一声招呼，说一句肯定的话，都能很好地鼓舞员工的士气。所以，请记得经常抽空走出办公室，去亲近员工，与员工打成一片，这样整个团队才能在你的带领下齐心协力把企业做大做强。

3 有益的情报90%来自于公司之外

如今是信息时代，信息就是金钱，谁掌握了信息，谁就掌握了竞争的主动权。可是信息不是坐在办公室里凭空想出来的，而是经过实地调查，一点一滴收集起来的。正如毛泽东同志说的那样："没有调查就没有发言权。"身为管理者，没有调查、没有收集信息，就没有决策权，而要想收集信息，就要积极走出去，因为90%的有益信息来自于公司之外。

玫瑰花象征着爱情，每个人在买玫瑰的时候，都会挑选最鲜艳、最饱满的花朵。而那些枯萎的、死掉的玫瑰花往往一文不值，会被扔进垃圾桶。因此，花店的主人才会竭尽全力地为花儿保鲜。可是在哥伦比亚，有一位花商反其道而行之，他把枯萎、死掉的玫瑰花当成宝贝，而且每年靠这些花赚了很多钱。到底是怎么回事呢？

原本这位商人是一家服装店的老板，他有一个习惯——逛街，他认为逛街可以搜集信息，发现商机。有一次，他逛街时经过一个花店，看见花店老板把一些枯萎的玫瑰花丢到垃圾桶里。当时他忽然闪现了一个念头：为什么枯萎的玫瑰花要丢掉呢？难道不可以卖吗？回来后，他不断地思考这个问题。忽然听到电视里有这样一段对白：

男：请不要离开我，我不想分开！

女：现在已经晚了，我们的爱情已经凋谢了。

"凋谢"一词令商人印象深刻，他顺着"凋谢"一词往下思考：玫瑰花象征着爱情，爱情凋谢了，玫瑰花就枯萎了。反过来，玫瑰花枯萎了，也意味着爱情凋谢了，这个时候情侣往往会选择分手。但有时候情侣想分手，却不好意思说出"分手"二字，因此需要借助一定的物品来暗示，而枯萎的玫瑰花不就是最好的选择吗？

第二天，商人再次去各花店门口走动。当他看见有人把枯萎的玫瑰花丢掉时，他马上捡回来，然后配上精美的包装，卖给那些想分手但又羞于说出“分手”二字的情侣。没过多久，他就靠卖枯萎的玫瑰花而发了财。

案例中的商人之所以卖枯萎的玫瑰花，就是因为他从花店老板扔掉玫瑰花这一现象中发现了商机。如果商人不走出公司，就不可能发现有益的信息，不可能从司空见惯的现象中发现致富的商机。由此可见，老板多走出办公室，对发掘有益的情报是十分重要的。

其实，不管是致富的商机，还是企业发展的信息，这些信息都要靠管理者去外面了解。坐在办公室里，吹着空调，玩着电脑，凭空拍脑袋作决策，是不可能做出正确战略决策的。英明的管理者都有一个特点，那就是绝不仅限于坐在办公室里。一位从事手纸制造业的老板表示，他的成功完全靠收集公司之外的有益情报，例如，他会和客户聊天，和经销商交流手纸的销售情况，还会亲自到商店里购买同行的手纸，然后和自己制造的手纸对比，发现自己制造的手纸的优缺点，做到知己知彼。

柯经理是一家水果罐头生产厂家的老板，公司创办半年来，他和全体员工投入了很大的精力，寄出了很多样品，但产品的销售量并不太好，回头客都是小用户，大的经销商好像都是“一锤子买卖”。这让柯经理感到一头雾水，最后他决定走访客户，了解客户对自己产品的评价。

一个大客户告诉柯经理：“你们的水果罐头味道挺不错，但是质量不如其他牌子的水果罐头，有一位顾客买了几瓶罐头回去后，第二天就来找我，说罐头里有头发丝。食品是吃到肚子里的，质量一定要过硬，否则，你的产品根本没有竞争力。”

之后柯经理又走访了几个批发商，综合大家的意见，柯经理意识到自己的水果罐头质量真的有待加强。回到厂里之后，柯经理要求全体员工严把质量关。一个月后，公司生产的罐头质量果真有了很大的提高，产品的销路也打开了。

俗话说：“客户意见值千金。”产品好不好，顾客最清楚，管理者多走出公司，多问问顾客，多访问经销商，多看看同类产品，这对企业发展是十分有益的。通过客户的信息反馈，可以更好地了解他们的需求，了解自己产品的质量，从而找到更有针对性的策略。这才是有效的决策。所以，奉劝管理者们一句：再忙也要走出去，多从公司外部收集有益的情报，为企业的发展铺路。

4 合理授权，给员工足够的空间想象

领导者管理企业的最佳手段是抑制过剩的权力欲，而不是放纵自己的权力欲。因为管理者是带领下属完成目标的领头羊，而不是通过个人能力实现目标的孤胆英雄，因此，通过合理授权，最大限度地挖掘和调动下属积极性，是每个管理者都应该去做的事情。

大量的实践证明，一个成功的领导者往往是这样的：他们最大限度地把权力授予下属，并全力支持下属的工作。他们相

信自己的眼光，相信下属能把工作做好。

有一次，杰克·韦尔奇参观一个工厂里的生产线，他发现生产线上的工人没有任何权力，他们只是被动地、机械地重复同一个动作。韦尔奇问厂长：“你可不可以向工人授权，让他们有一些自主权?”厂长给出的答复是否定的。

韦尔奇向厂长提出了一个设想：“给每个工人的操作台上设计一个按钮，当他们想休息时，按一下按钮，就可以停下来休息，如果有精神，就可以一直干，甚至可以让传送带加快速度，当然，流程也要稍微改变一下。”

遗憾的是，没有人同意韦尔奇的这个设想，但是他决定试一试。实验结果如他所料，生产效率有了很大的提高。在通用公司，几乎所有的工厂在处理每一件事情时，都是以生产部门为单位的，各个小组协同作战，而不是把工人安排在生产线上，让他们以生产线为单位。

员工不是机器，不是工具，即便是生产线上的员工，也需要一定的自由权限，当他们疲惫时，可以停下来喘息；当他们精神抖擞时，可以加快工作速度。这种对自由的渴望，是每个员工都具有的心理。杰克·韦尔奇的实践证明，把决策权尽量下放给那些做事的员工，可以极大地提高做事的效率，因为他们最了解自己的工作，了解真相。

通过权力下放，可以表达对员工的信任，激发员工的积极性，使每个负责具体工作的员工，都把本公司的发展和前途看作自己的职责，使每一个拥有独当一面的有能力的人，都能充分发挥自己的才能和创造性。

荷兰控股公司是一家经营能源和消费品的企业。1995年，公司的销售额高达110亿美元，利润为3.15亿美元。在老板范·弗利辛根的正确经营和管理下，借助优秀人才的力量，使得公司的销售额大幅度提高。

范·弗利辛根的高明之处在于给属下更大的权力，让他们发挥巨大的能量。在他看来，给属下一些权力可以让属下承担更多的责任，还可以得到应有的回报，这就是放权管理。

在范·弗利辛根实施放权管理之前，分布在世界各地的分公司的管理者，主要任务是执行总公司的决定。但是他们对具体的执行过程和执行结果并不重视，每个人都认为这不是自己的责任。为了扭转这一个格局，范·弗利辛根把90%的权力下放给各个分公司的管理者，这些权力包括革新、创业等多个方面。当然，90%的权力下放的同时也意味着90%的责任下放，总公司只承担10%的权责。

权力下放之后，总公司对分公司的管理层表现出了充分的信任。在范·弗利辛根看来，既然权力下放了，就应该信任员工，让他们独当一面。在员工中，有些人精明能干，具有强烈的进取心和责任心。对于这类员工，公司从来不会指手画脚，而是给他们足够的空间发挥。

范·弗利辛根说："员工是真正在赚钱的人，你可以向他们提问，但是他们需要自己去摸索，而不需要别人去为他们安排一切。"任何时候，他都非常信任员工。有时候，某些部下写信给他请求帮助，他总是在回信里写上自己的意见，并加上一句："我也认为这个问题很棘手，祝你成功。"

通过合理授权，使权力层层下放，让每个部门都有了主动权，使他们能够根据自己的实际情况制定相应的决策，让每个人都切实地负起责任，而且由于决策是自己作的，因此，他们都愿意为自己的决策负责。公司最高管理者只需把握投资和财务等方向性的决策权力，起到应有的引导和监督作用，就可以保证公司在大的方面上的正确走向。

不过，有两个问题值得管理者们注意，第一个问题是：合理授权，重在“合理”，即授予员工的权限应该与具体工作相匹配，既不能权力过小，也不能权力过大。第二个问题是，合理授权之后，绝不要随意干涉员工。下面我们来逐一分析这两个问题。

首先，关于授权的“合理”性问题，有这样一个案例：

赵总属下有几名得力的中层管理者，他对这几位管理者都非常信任，经常把公司一些较为重要的事务交给他们。只不过，赵总授权时有一个特点，那就是授权过多。

比如，公司有个重要客户需要公关，赵总会对一位中层说：“这件事交给你了。”但是这位中层正在负责人才招聘工作，他去公关重要客户了，谁负责招聘工作呢？赵总说：“人才招聘工作继续由你负责。”可是这位中层除了负责招聘工作之外，还在负责采购工作，于是赵总又说：“采购工作继续由你负责。”

就这样，这位中层一下子负责 3 项工作，赵总给了他很大的权限：“有什么问题自己决定，需要资金直接找财务，就说我发话了。”但问题是，这位中层一人负责 3 项工作，明显力不从心……

在这个例子中，赵总给下属授权过多，导致下属压力过大，可能会累垮了下属，还会影响工作完成的质量。这种过度的授权，是每个管理者都要注意避免的。最好的做法是，一次只授予一种权利，让员工专注地完成目标，这样便于执行到位。

其次，关于授权之后绝不随意干涉的问题，我们也举一个例子：

希尔顿21岁那年父亲授权给他，让他担任一个旅店的经理。同时，转让了部分股权给他。然而，让希尔顿非常恼火的是，父亲虽然授权给他了，但经常干涉他的工作。正是因为年轻时亲身体验了有职无权、处处受约束的感受，所以，当希尔顿后来掌权时，他在授权给他人时，只要做出授权决定，就会给下属全权。这样，被授权的下属也有机会充分施展自己的才华。

授权以后决不随意去干涉下属，这是管理者自信的表现，也是信任下属的表现。如果你不信任下属，就不要把权力授予给他。正如美国内陆银行总裁曾说过的那样："授权给他人后就完全忘掉这回事，绝不随意去干涉。"

5 科学分配任务，下放权力要找对人

在我们身边，经常会看到这样的管理者：他们整天忙忙碌碌，时间一天天过去，却没忙出头绪，没有忙出成效。该解决的问题没有解决，团队的各项工作都卡在他们手里，而员工却

闲着没事做。聪明的下属想帮忙，他们却不领情，认为下属瞎操心。当有人说他们工作方法不对时，他们却振振有词："做事要慢慢来!"

遇到这样的管理者，不知道是企业的悲哀，还是员工的悲哀。这样的管理者通常不知道：身为管理者，最该做的是什么。他们不知道，管理者是通过分配任务、指挥别人来做事的，而不是具体完成工作的人。对一个管理者来说，忙不是他的功劳，忙不是他做不好工作的理由。定计划、分任务、跟踪检查，促成团队目标达成，这才是管理者的本职工作。

不可否认的是，不少管理者是拙劣的任务分配者。虽然他们也分配工作，但对工作的情况、对下属的优势不完全了解，经常把工作分配给不适当的人去做，结果当然无法取得好的执行效果。等到出了问题之后，他们往往卷起袖子，亲自去解决。这样一来，既浪费了时间，又浪费了人力物力，而且还会打击下属的积极性。那么，怎样分配任务最好呢？要注意什么呢？下面我们就来介绍一下分配任务的几大要点：

要点1：选定工作

在分配工作之前，要认真考虑：什么样的工作需要委派给下属去做？这些工作有什么特点，难度怎么样？如果没有搞清楚这些问题，不要轻易委派工作。

关于这一点，需要注意的是：有一种叫作"热土豆"式的工作是不能轻易委派出去的。什么叫"热土豆"式工作呢？它指的是重要且紧急的工作。这类工作要求管理者马上去处理。另外，需要保密的工作也不适合委派给下属。

要点2：选定能够胜任的人

原则上讲，你可以把任何一项工作，交给任何人去做。但是在企业管理中，我们追求的是管理效率，员工追求的也是执行效果。因此，你应该选能够胜任工作的人，这才叫把工作交给正确的人，才能取得较好的执行效果。下属在出色完成任务之后，也能获得成就感。

要想快速地选定能够胜任某项工作的人，就要求你平时多花时间去了解下属的能力。比如，你可以要求下属通过书面形式，把自己的优势、喜欢做什么工作都写下来，以便你去了解他们。当然，你也可以经常和下属沟通，多观察下属，这样也便于你了解下属的能力。

举个例子，你可能知道某个下属打字速度很快，完成同样一份材料的录入，他的速度远远快于他人，而且出错率很低。这样一来，当你有一些材料需要急用时，你可以把录入的工作交给这个员工。反之，如果你不知道谁打字快，随便把这项工作交给一个下属，而他恰好不擅长录入，那么不仅耽误了时间，还会影响你的正常工作需要。

要点3：委派工作的时间

同样是一项工作，什么时候委派给下属最合适呢？很多管理者不注意这一点，往往喜欢在上午委派工作，结果，员工原本可以按部就班进行的工作，完全被打乱，损害了员工执行任务的积极性。为什么会这样呢？

因为一般来说，员工往往会在早上上班时，就想好了一天要做的事情，他们带着计划来到办公室。一上班，还没做几分钟原本计划好的工作，就接到了新任务。这个时候，他被迫改变原定的日程安排，工作的顺序也要调整。他们的内心会产生一种莫名其妙的烦躁，这会影响员工执行的积极性。

那么，应该在什么时候委派工作呢？除非是紧急性的工作，否则管理者应该在每天下午或快下班时委派工作，让员工第二天来处理这些工作。如此一来，第二天员工就可以全身心地处理你委派给他的工作。

要点4：委派工作的方式

怎样委派工作也是要注意的。有些管理者喜欢通过第三者传达委派的工作，而不是当面向员工交代，这样一来，经过一次中转，有可能发生信息传递误差，导致执行者错误理解领导者的意图。而且这种委派工作的方式，会让被委派者觉得领导者不重视自己，容易影响他的积极性。因此，管理者最好面对面地委派工作，这样下属有什么疑问，可以当场提出来，便于沟通和交涉。当然，留便条、写邮件委派工作，也是不错的方法，但不会给员工深刻的印象。

要点5：委派时要做的事

在委派工作时，你不妨告诉下属：你为什么要把这项工作交给他，向他指出他有某项特殊的才能，适合完成这项工作，这样可以表达你对他的信任和赏识，有利于激发他的积极性。同时，你应该让下属知道，这项工作的重要性，完成这项任务，对公司的直接影响，让他意识到肩负的责任。

在委派工作时，你有必要解释一下工作的性质和目标，向下属交代一些相关的信息，告诉下属：这项工作要做到什么效果，什么时间完成，在这个过程中向谁汇报工作进程，等等。

最后，一定要记得用肯定的语气对下属说："我确信你能做好这项工作。"这句话对下属将会产生很大的激励作用。

6　授权之后不忘检查，监控并不代表不信任

说到"授权"，给人的感觉是放弃控制，放任不管，让被授权者全权负责。其实并不是这样，授权不代表放任不管，授权离不开事后检查和监督。

日本"经营之神"松下幸之助认为，领导者在管理中，必须遵循授权加控制的原则。如果不授权只控制，那么局面将会变成一潭死水；如果授权之后不加控制，后果将会是四分五裂。关于这一点，有一个特别典型的案例，对很多管理者都有启发。

有位先生在 2001 年创办了一家企业，在十余年间，公司从原来的一家变成了八家，经营规模越来越大。在这个过程中，他已经变得越来越力不从心，因为他的个人精力有限，无法管理八家企业。为了让自己从日常管理中解脱出来，做更多的事情，比如，他想开更多的分店，于是他让自己的亲戚加入自己的企业。他让自己的哥哥管一家分店，让自己的嫂嫂管一家分店，让自己的妹妹管一家分店，让自己的表哥管一家分店……

开始的时候，他手把手地培训这些亲戚，等他们上手之后，他就开始完全放权，让他们全权负责店面的经营管理。在这期间，他从来不过问分店的事情，也不要求亲戚们向自己汇报工

作，更没有走下去检查工作。因为他觉得都是自己人，没必要去检查，相信他们会用心做好工作。

然而，三年时间过去了，大家产生了不少矛盾与误解，亲戚们纷纷离开公司，自立门户，而且把分店的重要员工也带走了。一时间，各分店一下子垮掉了。面对这种情况，他不得不重新沉下去做管理。一边忙着进货，一边忙着招聘员工。

这时他才真正发现，原来店内的很多制度都是白纸一张，员工工作作风散漫，对公司抱怨不止，不断有员工流失，客户的投诉也此起彼伏，业绩快速下滑，顾客不断流失，甚至很多工作都无法继续开展下去……

这样的案例在我们生活中并不少见，出现这种情况，根源在于管理者放权之后没有检查和监督，导致授权后失控，最后企业管理混乱。

管理者要认识到一点：授权之后，如果从不过问、不干涉，就叫作弃权。授权就是授权，而不是弃权，作为管理者，必须关注进程、关注成果。有些管理者在检查和监督下属时，让下属产生了不被信任的感觉，甚至感到压力巨大。

有一位被派驻在北美市场的高级业务主管表示："老板很'关心'我，经常派人来视察工作，而派来的人，每次都会召开主管会议，并让我们汇报业务发展的近况，那种威风凛凛的样子，让我想到了古时候皇帝派下去视察工作的钦差大臣，就差八抬大轿、敲锣打鼓、前呼后拥了。"

从这位主管的话中，我们可以感受到他所承受的压力。这种压力的产生，与老板检查和监督的方式不当有直接关系。那么，到底该检查到什么程度，监督到什么程度呢？对此，松下幸之助先生做得卓有成效。

在放权之后，松下先生既能让被授权者发挥主观能动性，又不至于使他们完全脱离控制而发生重大的失误。他有一条著名的授权监督理论——60%智慧，即放60%，管40%。他通过特定的程序选出被授权者，使对方主动要求领导者的指导，这样既发挥了他们的积极性和创造性，又化解了检查和监督导致管理者与下属之间产生的不信任和猜疑。

在企业管理实践中，不少管理者经常感叹：任务布置下去之后，总有下属拖着不办，推一推，动一动，有些下属推都推不动。其实，出现这种现象，问题不在于下属，而是由于管理者监督不力导致的。如果管理者在布置任务之后，提出要求、任务完成期限，并有严格的检查和监督机制，那么就能彻底打消下属的侥幸心理和拖延心理，促使他们快速高效地完成工作。

有一位成功的企业家对授权作了很好的诠释：“授权就像打篮球一样，不是把球交到谁手里，责任就是谁的，就什么也不管了。一定要考虑整体局势，进行控制，相互照应。这样，被授权的下属的智慧才会获得增长，才能有足够的力量去完成授权任务。”对于授权的事情，你可以放手不管，但是不能撒手不管，对于授权之后，下属完成该工作的情况，一定要定期检查和监督。

高明的管理者，在授权之后懂得在恰当的时刻，选择最恰当的方式，使自己随时掌握工作的进程。当他们发现下属执行跑偏时，会用恰当的方法把跑偏的下属拉回到正确的轨道上来。

形象地说，这就叫作“扶上马，送一程”。通过“送一程”，确保被授权者在执行中取得更好的成效，保证授权的成功。这就要求领导者在授权之后，不只是对下属说：“现在，你可以放手去干了。”还需要管理者告诉下属：“如果有需要，就来找我吧！”

7 授权收权，要做到收放自如

授权不是最终的目的，而是实现企业发展目标的一种手段。老板通过授权，可以充分调动被授权者的积极性，借助大家的力量，使大家团结在一起，各司其职，把公司的事务做好。而不是把企业的权力分封给各个下属，然后老板当甩手掌柜。因此，在授权之后，老板还要学会收权，只有授权，没有收权同样是行不通的。

老板必须对自己有准确的角色定位，只有自己才是企业的真正负责人、长期的负责人。不论下属多么聪明，多么负责尽职，多么忠诚可靠，都无法完全取代你在企业中的权威性和影响力。因此，如果老板授权下属，下属执行不到位，甚至把工作搞得一团糟，这个时候老板就有必要对权力进行调整，收回授予的权力或另选授权对象。

1989 年 4 月，宏碁公司总裁施振荣任命刘英武为宏碁执行总裁。刘英武是何许人也？他是毕业于普林斯顿大学计算专业的博士，曾在 IBM 公司软件开发实验室电脑部担任主管长达 20

年之久，在美国电脑界非常有声望。施振荣非常器重他，声称他是宏碁全球扩张的“秘密武器”，并把经营决策权毫无保留地交给他。结果怎么样呢？

刘英武上任之后，向宏碁灌输了他从 IBM 带来的“中央集权”的企业文化。他频繁地召开马拉松式的会议，而且基本不听下属的建议，下属对他必须无条件服从。宏碁的一位经理回忆道：“强迫大家同意总裁的观点与以前宏碁的风格大相径庭，施振荣从不会强迫你做任何事，除非你同意或愿意去做，所以很多人便离开了公司。”

之后，刘英武又作了一系列收购的决策，但基本上以失败告终。他从外面聘来了 9 个高级管理人员，为此公司损失巨大，人心浮动。这一切都被施振荣的妻子叶紫华看在眼里，为此她向施振荣抱怨，说他不看事实与真相。

渐渐地，施振荣意识到自己对刘英武的过度授权是一个错误。他说道：“我认为 IBM 是世界上管理最好的电脑公司，刘英武理所当然比我更有能力和经验。但他不是企业家，我对他授权太多了，太早了。”1992 年，施振荣开始重掌帅旗，他决定按自己的方式塑造宏碁，而不是仿效 IBM 公司。

在这个案例中，施振荣虽然在授权之后收权了，但是由于收权不及时，导致企业损失严重。这种现象值得每个管理者尤其是企业老板深思。

也许很多老板懂得授权，也懂得收权，但真正能做到“授收自如”的老板却不多，在这方面，刘邦可以称得上是“大师”。

韩信被萧何称之为“国士无双”的人才，但刘邦敢于放权给他，又能做到在恰当的时候把权力收回来，可谓收放自如。

当年刘邦拜韩信为大将军，并将兵权交给韩信，从此韩信手中经常握有数万军队，而且他所统帅的军队长期远离大本营。到灭楚前夕，韩信的兵力达到了空前的规模，其势力足以和刘邦、项羽相抗衡。如果这个时候韩信背叛，那么刘邦将前功尽弃。尽管刘邦对韩信有所顾忌，一直觉得他是心中的一块石头。但他依然大胆放权。

当然，刘邦不是吃素的，他在放权给韩信的同时，心中经常盘算着如何有效地控制韩信，以免韩信背叛自己。为此，他使用的最有效的一招就是每次韩信完成军事任务时，刘邦就收回韩信的军权。而且伴随着收权，刘邦经常会奖励韩信，封他爵位，赐他钱财。这样一来，很好地安抚了韩信。

刘邦之所以能做到将权力收放自如，总结下来有三个原因：

第一，刘邦总是在最恰当的时机收权，容易被人理解为是形势所需，减弱了韩信的反感。

第二，韩信被拜为大将军、丞相，甚至被封王，爵位步步高升，他感到心里踏实。

第三，刘邦对韩信的日常生活颇为关照，使韩信感到了很受器重。相比之下，项羽听信谗言，一气之下收回范增的兵权，引起范增的极大反感，致使范增对项羽彻底失望了。

俗话说：“水满则溢，月满则亏。”授权与收权是一对矛盾的统一体，总是此消彼长。在企业管理实践当中，随着企业处于不同的发展阶段，实际情况也会有所变化，因此，授权还是收权，应该结合实际情况，根据具体需要来授权和收权。

那么，哪些权力该授，哪些权力该收，这个问题不可一概而论，而是要求管理者根据企业的具体情况来决定。一般来说，涉及企业命脉的权力不能授，比如战略决策、财务决策等应由老板掌控，而一些带有方法性的、具体事务的执行权限，完全可以授予给员工，以充分发挥他们的能力。

在授权之后，如果发现了问题，管理者应该立即对授权事件进行检讨，思考问题出在哪里，找出症结。如果发现被授权者能力不够，无法胜任工作，应立即收回权力，然后选择更适合的对象进行再次授权。如果被授权者圆满完成了工作，应予以肯定和奖励，然后顺理成章地收回权力。要做到一事一授权，一事一收权，授权起始于任务的开始，收权起始于任务的完结。

SOME TIPS FOR TEAM MANAGEMENT

第七章

考核的绝招——公平公正，不煮“大锅饭”

绩效考核，顾名思义就是对员工的业绩进行公平公正的评估。身为管理者，一定要不断完善考核机制，尊重员工的真实劳动成果，让员工真正意识到“多劳多得，有付出就有回报”，让企业内部形成一股积极争上游的风气，有效保证团队的执行力、战斗力。

1 公平考核，让每一个员工放心

考核员工的工作业绩是企业管理者的例行事务之一，一般来说，企业都有比较完整的考核制度，管理者只需依据考核制度对每个员工进行评估，进而确定其薪酬等级以及实发工资数目即可。但在现实生活中，不少员工却常常会向领导的考核疾声大呼“不公平”，这就涉及考核制度的制定以及执行问题。

衡量员工一定要用同一把尺子，如果仅仅因为有人业绩太差，就给他换个短点的尺子，那么业绩优秀的员工必定会感到不公平。所以，管理者一是要保证考核制度的公平性，二是要保证制度执行的公平性，不管是谁，工作考核时一律按制度来，绝不讲丝毫情面，只有这样才能让每个员工都放心，不会因考核不公而影响工作情绪。

红豆集团总裁周海江曾经说过，“红豆就是要给每个人创造公平竞争的机会，不管你来自哪里，什么学历，只要你有能力，在红豆就不愁没有机会！”事实上，红豆集团也一直坚定不移地贯彻着“公平考核”的优良传统。

在选团支部书记时，红豆管理层既没有按照个人意愿指定人选，也没有选择“空降式”的“外来和尚”，而是在外贸制衣车间里，展开了一场竞争上岗的演讲比赛。只要有参选意向的员工都有均等的竞选机会，比赛由评委会现场评分，保证公平、公正和公开，每位参选的员工都是当场公布成绩，谁得分最高，谁就可以成为新任的团支部书记。

在红豆没有任人唯亲，更没有所谓的“关系户”，一切都是以绩效为导向，只要你的工作能力够出众，那么根本不愁得不到重用。最终，一名来自车间一线的工人王奎凭出色的表现当选为团支部书记。王奎学历不高，家乡远在安徽的一个偏远农村，在厂里没亲没故，但他工作努力，很有上进心，当选后他神情激动地说道：“如果不是竞争上岗，作为一名一线工人，是很难有这样机会参加公平竞争的。”

红豆的这种公平竞争的考核机制，大大激发了员工们的工作热情，企业的生产效率也随之提高。在红豆集团，69 个三级企业团支部的 237 名团干部，全部都是公平的竞争上岗，没人搞小动作，也没人拉关系，集团通过这项制度让每名员工都有公平竞争的机会，员工安心了，队伍也就团结了。

只有给予下属公平竞争考核的机会，帮助他们实现个人价值和人生目标，企业才能拥有源源不断的发展动力。管理者要想把企业做大做强，就一定要公平考核，让考核透明化，这样每个员工对考核内容都能做到心中有数，自然也就能安心工作了。

企业管理最忌讳的就是差不多，员工的工作要求是怎样就是怎样，如果处处都是差不多，那么企业的整体劳动效率就会差很多。对于管理者来说，越是模棱两可的事情越不能打马虎眼，因为这些地方往往最容易出问题，只有尽早实现制度化，才能避免因为制度漏洞而给公司造成不必要的损失。

从专业角度上来讲，制度化的前提是目标本身一定要清晰，可量化，可考核，可检查。任何一项工作本身都不可能是模棱两可的，所谓的“模棱两可”不过就是工作内容不好量化，检查工作比较费时费力，但这并不能成为我们拒绝制度的理由。

李明是一家塑料生产企业的生产部经理，自企业成立以来，废品率便一直居高不下，而且成品也常常因达不到客户要求而产生投诉。为了改变这一现状，他亲自解决客户的投诉，并试图找到产品质量背后的根本原因。

通过收集的数据显示，超过 80% 的客户不满意的原因是塑料成品中有明显可见的杂质。找到了问题根源后，李明便亲自来到了生产车间，然而询问了几名员工之后，他便发现了一个明显的制度漏洞。尽管生产制度中有“有明显杂质、污点的产品视为废品”的规定，但为了降低废品率，对于那些不太明显的杂质和污点，质检人员也就睁一只眼闭一只眼。

什么样的杂质、污点才算明显，什么样的才算不明显呢？显然每个员工的衡量标准都不同，正是这种模棱两可造成了客户投诉。越是模棱两可的事情，越应该制度化，找到问题根源的李明马上细化了生产制度，要求杂质、污点的直径等于或大于 1mm 的产品均视为废品，为此他还专门给每位生产以及质检人员配备了高精度的尺子，以方便大家贯彻执行。

事实证明，李明的这种做法是十分明智的，原来模糊不清的成品衡量标准实现了制度化，有明确详细的条款可循，这样一来不仅保障了产品的质量，也避免了部分马大哈的员工钻制度的空子，实在是一举两得。

任何一个企业都存在相对模糊的管理区域，作为管理者千万不能任由这些事情模棱两可下去，一定要尽可能地实现制度化。对于那些很难用硬性制度去约束的工作类型，硬制度不好管控，不妨采用软制度，借助员工满意度打分或客户满意度打分等方式来进行工作监督和检查。

2　平均不等于平等，绩效考核追求差异化

有些企业管理者认为，公平就是每个人都一样，于是他们制定出的考核机制缺少差异化的评判标准，员工干多干少、干好干坏都一样，大家一律实行平均主义。表面上，每个人得到的都一样，确实很公平，但实际上，这种没有差异化的绩效考核泯灭了员工的态度、忽视了员工能力上的差异，一定会导致能力出众、态度认真、绩效良好的员工积极性受挫，最后愤然离去。而平庸者因有便宜可占而留下来，注定会成为企业的拖累，最终企业会走向不归路。

有一个工厂多年以来，都是实行平均化的绩效考核。当他

们的销售团队完成销售任务时，得到的奖金一律平均分配给每个销售员；当他们的车间出现一起设备故障时，大家需要平均分摊这台设备的修理费，结果100多人的车间，每人摊了10元钱。使用过这台设备的人员要平均分摊设备损失费。

10元钱事小，但是却伤了员工的心。员工们私下里抱怨不断，有的员工说：“那台设备我从来都没碰过，凭什么让我赔10元钱，太不公平了。”有的员工说：“我碰了那台机子，但不一定是我弄坏的啊！为什么我要赔？”有的员工说：“这种事情怎么能让员工赔呢？企业连一台机子的修理费都要员工赔，这哪叫企业啊？”

企业领导为什么要这么做呢？他们也有自己的解释：“公司的业绩增长了，每个员工都得到了奖金，公司的设备出问题了，而我们又找不出那个把机器弄坏的员工啊，所以只好大家均摊了。员工抱怨机器不是他们弄坏的，为什么要赔钱，他们怎么不想想，企业效益提高了，有些员工根本就没出力，为什么他们得奖金呢？有赏有罚才公平嘛！”

听企业管理者的解释，看似有些道理，实际上深入思考一下，这种逻辑十分可笑。管理者既然知道，在企业效益提高的过程中，有些员工根本没有出力，或者出力很少，为什么发奖金的时候要平均分配呢？事实上，这种平均分配的考核方式根本起不了考核的作用，也达不到考核的效果。

与此同时，他们采用的平均分摊的处罚方式，更是伤了全体员工的心。因为作为企业，当机械设备出现故障时，企业就应该承担维修费用。否则，员工使用设备时整天提心吊胆，害怕机器坏在自己手里，害怕赔不起维修费，他们又怎么认真工作呢？

所以，如果想让企业的考核制度真正达到考核的效果，起到激励的作用，管理者就务必废除“大锅饭”的考核机制，要知道，平均不等于平等，绩效考核必须追求差异化，差异化是对员工能力的尊重，也是对员工工作态度的尊重，更是对员工业绩的尊重。一言以蔽之，差异化的绩效考核，才是真正公平的考核。

身为企业管理者，一定要认识到人的差异性，不同的人在工作态度、工作能力、工作努力程度等方面都是不同的，这些决定了他们的绩效是不同的。因此，只有设定公平的奖励条款，进行差异化的考核，才能真正实现勤者多劳、能者多得、多劳多得的绩效考核目标。

一家营销公司给员工的薪资制度是这么定的：每个销售员的基本工资为2000元，餐补300元，话费补贴200元，但每个月必须完成某个数额的销售量，如果完不成销售量，相差多少按5%的比例扣除基本工资。

当然，超出这个销售量的部分，公司会给员工10%的销售提成。有奖有罚，有公平的地方，如基本工资、餐补和通话费补贴，也有差异化的地方，如超出工作量的部分。

在这种绩效考核制度下，员工的惰性得到了约束，员工的积极性得到了激发，因为他们知道，只要努力卖产品，卖得越多，收入就越多。所以，大家都十分卖力地工作，很多员工周末都会见客户、搞推销。

真正优秀的绩效考核机制，既包含了奖励的条款，也少不了处罚的条款，有赏有罚，赏罚分明，才是最公平公正的。这样也将考核真正落实到个人头上，谁干得好，得到的就多，谁干得不好，得到的就少，还要受处罚。这样的绩效考核制度才有约束力，才有激励性，才有振奋人心的作用。

3 考核要注重实效，不要只做表面文章

很多管理者都知道绩效考核的重要性，他们也花了不少时间和精力来制定绩效考核制度和标准，但是到头来得到的只是诸如“走形式”、“做表面文章”、“做样子”之类的评价。企业绩效考核流于形式的危害性很大，它不仅会混淆是非，还容易混淆员工作态度，严重影响企业的发展。

曾有一家公司将一名员工辞退了，这名员工把企业告到劳动仲裁部门。在仲裁申请时，该员工说自己的工作如何努力，表现如何优秀，而企业却无情地辞退他，说了很多企业的不对。对于这样一份仲裁申请，劳动部门马决定一查到底。

但是调查的结果让仲裁人员吃惊，原来，这位员工的口碑非常坏，经常迟到早退、还旷工，工作业绩很一般。但是在之前的绩效考核中，该员工每年都得到优秀的评价。就这样，这

名“优秀”的员工在被辞退时，自认为自己满足企业发展的需要，因此无法接受这样的现实。

看完这个案例，你是否意识到企业绩效考核做表面文章的危害呢？作为一名管理者，如果想不让绩效考核流于形式，就有必要搞清楚为什么绩效考核流于形式的原因，然后有针对性地防止出现这种情况。那么，原因有哪些呢？

原因一：宣传贯彻不够到位

在实施绩效考核之前，管理者没有做好充分的宣传，很多人不知道企业实行绩效考核的意义。很多员工认为，绩效考核只是管理者控制员工的手段，或者说是借口。他们往往对绩效考核心存反感。这也导致一些直属管理者对绩效考核采取消极态度，这样就很难得到贯彻执行。

原因二：制度安排有问题

很多管理者认为，绩效考核是针对员工的，而没有把管理者包括在内，他们认为绩效考核就是自己给员工打分，爱怎么打就怎么打，对于不听话的员工，必要时可以打分低一点，以树立自己的威信。在这种情况下，管理者认为反正是打分，到了年终再打分也不晚，急什么。

原因三：职责界定不明确

很多企业的管理者根本没有职位说明书，或者职位说明书不清晰。在绩效管理方面，各个管理者也不清楚自己的职责是什么，什么事情该自己管，什么事情不该自己管，他们并不清楚，这就很容易导致职责上的混淆，使得很多管理者没有动力去做好绩效管理工作，甚至他们认为绩效管理是人力资源部门给自己的负担。

原因四：考核过程中缺乏沟通

沟通是绩效考核的关键因素，实际上，很多管理者在考核过程中，并未与员工针对绩效进行双向沟通。管理者从最开始准备绩效考核，到最后公布考核结果，一直是闭门造车，一直是单方面地做自己的事情，员工对考核的情况并不了解，对自己在考核中的表现，哪些地方要改进也不了解。这样一来，管理者认为，反正员工不知道，也没人追究我，企业管理层也不问，那我随便应付一下就行了。试问，这样做能不流于形式吗？

绩效考核流于形式的原因有很多，但最根本的原因是企业最高层管理者并未真正重视起来，也未对下属管理者进行相关的培训，这导致公司最高层对考核的期望无法传递给下属管理者，下属管理者在没有领会领导的意图的情况下，就很容易用老一套的思想对待绩效考核，所以才会执行不力，让绩效考核成为一种表面文章。因此，如果企业不希望绩效考核流于形式，最高层管理者就必须重视起来。

2011 年，广东某公司为了做好公司绩效考核，特意请来某管理公司的绩效考核专家，为他们建立绩效管理体系建设方案。从 2011 年 9 月 7 日制订方案实施计划到 2011 年 12 月 8 日，最新绩效管理办法正式被批准实施，总共用了三个月。在这期间，绩效考核专家与企业管理层进行了 10 余次沟通，对中高层进行了两次培训，整理的绩效管理辅导手册多达三万字，还编写了最新的员工职位说明书。

这样的准备工作是十分完善的，而且在这个过程中，总经理也表现了与以往不同的高度重视。他多次在公司的高层会议上强调了绩效管理的重要性，表现出了很大的决心。许多中层管理者也在会议上表态，表示一定要将绩效考核制度坚决贯彻落实到位。

在各个管理层的共同努力下，该公司的绩效考核制度终于全面推行，并在半年后取得了很好的效果。优秀的员工得到了激励，懒惰、能力不达标、工作态度有问题的员工逐渐被清除出团队，公司的效益连续三个月保持高速递增。

考核要注重实际效益，而不只是做做表面文章，让公司上下得到一点心理安慰。怎样才能让绩效考核获得实效呢？关键就在于企业领导者要重视绩效考核，要以身作则、带头参与到考核之中，这样才能引起下级管理者的重视，更能引起全体员工的重视。如此一来，大家才会奔着“一个好的考核成绩”去努力工作，这样企业的工作效率不就提高了吗？

再者，为了保障绩效考核持续产生作用。管理者还应针对绩效考核设置相应的奖惩措施，对于那些在绩效考核中获得好评的员工，企业应给他们相应的奖励；对于那些在绩效考核中获得差评的员工，企业也应该给他们相应的惩罚措施。通过奖优罚劣的激励机制，能体现出公平公正，从而更好地保护员工的积极性，约束员工的懒惰性。这样企业员工才能人人争优、人人上进。

4 考核一定要落实到每一个细节上

“因本公司发展需要，现招聘业务经理两名……本公司福利待遇优厚，晋升阶梯明朗，欢迎有志人士加入。”这是最常见的企业招聘广告，看似没什么问题，但细细一想，你就有疑问了：什么叫“晋升阶梯明朗”呢？招聘广告没写清情有可原，但很多的绩效考核制度中也没有写清，这就有些说不过去了。

对员工来说，他们希望有一个明确的绩效目标，他们最想知道这个月的工资收入和下个月的工资收入，他们想知道怎么做才能晋升，例如需要年终绩效考核得到 3 个 A，如何才能得到 A 呢？需要每个月的考核平均分达到 90 分以上；如何才能得到 90 分？需要考核达到若干个指标。这样员工就非常清楚自己怎么做才能晋升，这样员工才有动力。

全球零售巨头沃尔玛在考核员工的工作是否达标时，就有细致的要求：员工必须向 3 米内的顾客微笑致意，微笑时要露出 8 颗牙。在回答顾客的提问时，永远不能说“不知道”。通过这些细致的考核，沃尔玛让他们的员工变得更加赋有职业精神，更加受顾客们的欢迎。

不少企业的管理者对细节认识不够深入，认为不应该纠结于细枝末节上，他们制定的绩效考核指标比较粗犷，听起来好像没有什么不对，但深入思考你会发现那是泛泛而谈。粗犷的考核制度有一个致命的弱点，那就是不容易落实到位，没有一个明确的评判标准。

不少企业的绩效考核表格中有这样一项：道德，后面有三个标准：优、中、差。怎样才是达到了“优”，怎样才是达到了“中”，怎样又是“差”，根本没有细致的标准。因此，这对打分和被打分的人来说都是非常痛苦的事情。打分的人不知道该打哪一级别，打个“中”吧，员工有意见了，“我爱祖国、爱公司、爱工作，不偷不抢，你凭什么给我打‘中’?”

值得注意的是，笼统的评估标准不但无法达到公正考核的目的，还容易给管理者造成“不公平”的印象。因为正是由于考核标准不细致，管理者在绩效打分时就容易带着主观色彩去打分，管理者觉得哪位员工与自己的关系好，对哪位的印象好，他就可能给他打高分，下面的案例就体现了这一点。

程经理是某企业的老板，每个季度他都要费尽心思地对员工作绩效考评，评估员工在这一季度中的表现。绩效考评的表格中标明了工作的数量和质量以及合作态度等情况，员工的表现分为五个等级，分别是优秀、良好、一般、及格和不及格。

拿前一次评估来说，除了小胡和小赵之外，其他员工都完成了本职的工作。由于员工小胡和小赵是新员工，来公司不到三个月，而且工作量又偏多，因此程经理给他们也打了“优秀”。

由于员工小陈曾经对程经理的一个决策提出过反对意见，让他觉得没面子，他在“合作态度”一栏上记为“一般”。由于员工小刘家庭比较困难，程经理有意识地提高对他的评价，他想通过这种方式让小刘多拿绩效工资，暗中帮小刘一把。

此外，员工小王的工作质量不高，刚刚到及格的标准，但是由于小王平时工作态度不错，为了避免小王难堪，程经理把他的评价提到“良好”。

从案例中，我们可以发现：程经理的评价中掺杂了太多的主观色彩，对曾反对过自己的员工有成见，对新员工有包庇，对工作态度好但绩效一般的员工有偏袒之心，显然这样的评估有违客观公正的原则，所以这样的评估又有多少实际意义呢？

有一项针对200家中小企业的统计，据说有60%的绩效考核流于形式，根本无法量化，而考核量化的根本方法在于将考核落实到每一个细节上，也就是把一个笼统的考核标准具体到多个考核指标上，通过对这些指标进行考核，最后得出一个量化的数据。这样一来，考核的结果就非常明晰。

看看肯德基、麦当劳这样的企业，他们之所以经久不衰，其核心竞争力就在于将执行落实到细节，将考核落实到细节。

5 千万不能感情用事

在绩效考核中，负责绩效考核的管理者们能否做到公正客观，直接关系到绩效考核的公平性，关系到绩效考核的效果。作为企业管理者，相信你也想保持自己公正客观的良好形象，因此，千万不能凭借自己一时的好恶来评估下属。在这方面，管理者们不妨看一看古人是怎么做的。

有一次，唐太宗李世民与吏部尚书唐俭下棋。唐俭是个实在人，性子直，不善逢迎，又好强，与皇帝下棋使出了真功夫，架炮跳马，结果唐太宗惨败。

唐太宗心中大怒，联想到平日唐俭对他的种种不敬，再也抑制不住自己的情绪了，立即下令将唐俭贬为潭州刺史。唐太宗还不罢休，又把尉迟恭找来，对他说："你去唐俭家，看唐俭是否对我有怨言，如果有，我可以借此定他死罪。"

尉迟恭听后，觉得唐太宗太过分了，所以，第二天唐太宗问他情况时，他不肯回答，反而说："陛下，请你好好考虑这件事，到底该怎样处理。"

唐太宗气得一挥手，转身就走。随后，唐太宗冷静下来，觉得自己无理，为了挽回面子，于是大摆宴席，召三品官入席，他在宴席上说："今天请大家来，是为了表彰尉迟恭品行。由于尉迟恭的劝谏，唐俭得以免死，使他有再生之幸，我也由此免了枉杀的罪名，并加我以知过即改的品德，尉迟恭自己也免去了说假话冤屈人的罪过，得到了忠直的荣誉。尉迟恭得绸缎千匹之赐。"

唐太宗愤怒之下，被情绪控制了头脑，做出了荒唐的事情。好在他听了尉迟恭的劝谏，及时认识到了自己的不对。这种知错就改的行为值得每个管理者学习，当然，管理者们更要以唐太宗为鉴，在对员工进行绩效考核时做到客观公正，绝不能让自己的主观情绪左右了自己的公正。

我们知道，人是有血有肉、有情感的动物，在为人处事中，难免会受到个人情感的左右。最常见的表现是，我们愿意和那些与我们关系好的人交往。管理者也是人，也有自己的情感和好恶，因此，在绩效考评时，也会或多或少地表现出个人的喜好与厌恶。但是，真正高明的管理者懂得尽量克制自己的个人喜好，尽可能做到不感情用事。

联想集团的创始人柳传志有个朋友兼同事，早年他们经常蹬着自行车，一起上下班，一起谈论国家大事，嬉笑怒骂，无话不说。后来，他们一起创业，私底下他们的关系很好。但是在企业经营的过程中，柳传志发现他的这位朋友没有以企业利益为重，于是柳传志毫不留情地处分了他，降了他的职。再后来，柳传志让这位朋友离开了联想。虽然这件事让柳传志比较难过，但是他知道为了企业的发展，必须坚持原则，不能把个人感情掺杂到工作中来。

无论是亲戚还是朋友，只要在企业里，都是企业的员工。身为管理者，应该一视同仁地对待他们，决不能把个人感情扯到工作中来。试想一下，你和某个员工关系很好，你们经常一起喝酒，一起打牌，当他上班迟到时，你会客观地批评他吗？当他工作任务没有完成，你会按照绩效考核的规定处罚他吗？当他私吞了公司财产时，你会睁一只眼、闭一只眼吗？如果你没办法做到公正客观地处理，那么你的形象就会受损，你的企业风气就会恶化，还谈什么企业发展？在这方面，管理者们不妨学习学习杰克·韦尔奇，看看他是怎么做的。

美国通用电器公司前CEO杰克·韦尔奇在回忆录中提到一个故事：韦尔奇的副总跟别人说，一天晚上，韦尔奇请他吃饭，并且非常热心地替他夹菜，还替他斟酒，走的时候还跟他热情地拥抱，但是三天之后，韦尔奇下达人事命令，撤换了他副总的职务。

杰克·韦尔奇的案例说明，管理者就要像管理者，必须把工作关系和朋友关系分清楚，绝不能把私人感情混入工作中。管理者可以请员工吃饭，可以替员工夹菜、倒酒，但是如果员工的行为影响了公司发展，他就必须离开。这就启示管理者们，在绩效考核中，必须做到客观公正地评估，这样才能拿出让下属心服口服的评估结果。

管理者切记，不要带着主观感情色彩去评估下属的工作，因为在评估工作中，任何迎合、同情、坑害等主观色彩的存在，都意味着对评估工作不负责，对公司不负责，也是对下属的不负责。如果你因为绩效考评不公正，影响了公司的风气和氛围，影响了公司的发展，那么你岂不是成了罪人？

6　不能把资历同能力画等号

用资历衡量人才的时代已经过去了，靠学历来筛选人才也并不明智，唯有真本事才是最好的通行证。但在现实生活中，不少企业管理者过于迷信“资历”或者“学历”，只要一听对方在这个行业摸爬滚打十几年了，结果脑袋一热便重用了，最后才发现对方不过是一个资历很深的“草包”。为了避免这种情况发生，管理者万万不能把资历和学历同能力画上等号，否则很可能会出现重大用人失误。

西武集团前任董事长堤义明坦言，“水平比文凭重要”，在实际筛选人才的工作中，他也一直身体力行着这一原则。在短短的 20 多年中，他将一个业绩平平的西武集团变成了日本著名企业，其成功的重要因素之一就是人才筛选。

堤义明不重视学历，也不看重资历，这是公司界人人皆知的事实，在他眼中只要能力强，其他方面都可以不予考虑，这种英雄不问出处的做法让他免受“资历”“学历”等外部因素的干扰，从而能准确地选拔出有能力的真抓实干型的人才，这正是西武集团快速发展的动力。

作为公司董事长，他曾多次说过：“学历只是一个人受教育的时间证明，并不等于证明一个人真有实际的才干。”所以不管是高学历还是老资历，凡是考核合格进入公司的员工，头三年都会毫无疑问地派到很低的职位上充当小杂役。这三年就是一个磨炼期，只要能在这三年中充分展现出出众的能力，那么自然可以顺利进入其他部门，反之那些高学历且老资历没有能力的也不会特殊照顾。

离开了实际工作能力，多老的资历充其量也不过是个漂亮的门面，没法当饭吃。离开了学校，学历便只能代表一个人的过去，坦白说再高的文凭也不过是一张废纸。所以，管理者千万不能被“学历”“金钱”“资历”等迷失双眼，只有撇开这些障眼法，才能选出有能力的贤才，进而推动企业的发展。

在企业内部，要克服只看资历、不问能力的论资排辈的做法。因为资历只是年限和实践经验的一种反映，并不代表能力。因此，千万不要认为资历越老，经验就越丰富，能力就越强。

有一个机构曾对1950年到1960年，世界1249名杰出科学家及他们的科研成果进行统计，发现他们大部分年龄在25岁到45岁。还有人统计了301位诺贝尔奖的获得者，发现35～45岁的获奖者占40%。由此可见，年龄不是衡量人才能力的唯一指标，因此，绝不能把资历与能力画等号。

1970年，麦当劳快餐进入法国，并以惊人的速度扩张，平均每半个月就新开设一家分店。在这种情况下，用人量大增，为了解决企业用人问题，麦当劳公司在招聘人才方面不拘一格，只要有能力，公司就会给他们合适的位置。

在招聘的人员中，既有刚毕业的年轻人，也有在其他地方工作过、具有一定经验的中年人。所有通过考核的求职者，均要在餐店里实习，以熟悉未来的工作环境，让他们看一看工作环境与自己的意愿是否一致；经过三天的实习，公司会与求职者进行第二次面试，再确定是否录用。

进入麦当劳之后，无论你以前从事何种工作，必须当4～6个月的实习助理，熟悉各部门的业务。然后，才有机会升为二级助理，再升为一级助理，即成为经理的左膀右臂。进入麦当劳的新人平均经过 2 ~ 3 年就可以成为快餐店的经理。在麦当劳，有能力才有晋升的空间，文凭的作用几乎可以忽略不计。

同样是初出茅庐，诸葛亮能一鸣惊人，赵括却在纸上谈兵。由此可见，资历与能力不能画等号。有些资历浅的人，有雄才大略；有些资历浅的人，却是货真价实的庸才。所谓的资历不过是指工作的时间长短，与一个人的能力并没有直接的因果关系，表面上耀眼的资历背后很可能是年复一年混日子，即便再混上十几年，也难有重大突破。

学历不能代表实际能力，有些高学历人才可能是中看不中用，纸上谈兵头头是道，但一到实战就傻了眼。所以，在招聘员工时，切不可被资历、学历等漂亮表面迷了双眼，错把庸才当人才。

7 不淘汰平庸的员工，是对奋斗者的不负责任

不想当将军的士兵不是好士兵，同理，不想当领导的员工也只能永远平庸。好的下属是完全具有可塑性的，但要想将这些员工培养成卓越人才却并不容易。企业要想做大做强，必须要培养一批精兵强将，因此，管理者在培养员工的过程中，必须毫不留情地淘汰那些平庸者，这既是对企业的未来负责，更是对奋斗者的肯定。

不少管理者经常面临这样一个问题：到底该如何解雇那些

“鸡肋人物”？一般来说，这些人工作还算努力，懂礼貌，善解人意，甚至在公司里面还有着不错的口碑，然而他们在工作中却经常犯错，哪怕是多次提醒依然不见什么起色。对于这样的人，解雇起来需要很大的勇气，但为了企业的发展，却不得不淘汰。

阿丽是某科贸公司的经理，最近公司新来了一位女员工，人长得漂亮，性格活泼可爱，但却令她头疼不已。该员工在通过单位两个月的试用期后，看起来似乎工作十分努力，但在业绩上却平平庸庸，每次都是打着最低考核标准的擦边球。起初，阿丽认为该员工可能是由于还未融入企业的环境，所以才会业绩平平，毫无起色。

为了帮助她提高业绩水平，作为经理的阿丽专门给她安排了一位经验丰富的老员工指导工作，但转眼 3 个月过去了，该员工的工作状态丝毫没有改变，还是老样子，更令阿丽头疼的是，她完全是在被动、机械地工作，毫无工作积极性，这样又怎能把工作做好呢？为了帮助这位员工提升业绩，阿丽专门找她谈话，并给予其精神上的支持与鼓励，并许诺，如果她能够超额完成工作任务，会给予其丰厚的物质奖励。

然而，阿丽的办法似乎没有一点作用，该员工还是老样子，甚至工作业绩还有下滑的趋势，总是这样通融一个平庸者，难免会让那些业绩优秀的员工感到不公，出于这个层面的考虑，阿丽毫不留情地开除了这名能力平庸的员工。

实际上，每个企业都有工作能力平庸者，他们整天不思进取，上班就是“磨洋工”，拿工资混日子，如果不淘汰这类员工，那些优秀员工难免会想：不干活也这样，干这么多活也这样，那我为什么非要这样拼命努力呢？一旦员工们有了这种想法，那么企业的整体工作效率必然会降低。

通常来说，企业都会有一套完整的人事体系，对于什么情形下可以与员工解除雇佣合同都有着比较明确的要求，作为公司的管理者，要善于借助这些制度来清除那些平庸的员工。此外，在人员招聘时，要尽量避开那些没有培养价值的人，只有这样才能从根源上减少平庸者的数量。

身为企业管理者，由于平时的日常管理工作纷繁复杂，所以即便是有三头六臂也很难做到面面俱到，产生或多或少的遗憾也是在所难免。一个明智的领导者不会对无关紧要的小遗憾而患得患失、耿耿于怀，只要所做之事对企业来说利大于弊，那么他们便会坚决执行，决不会因为小小的损失而忧虑。

疏而不漏，危急关头绝不手软是企业界成功管理人的共同之处，人的精力是有限的，要想管好一个偌大的企业，就必须要抓住重点，抓住关键点。俗话说，做大事者不拘小节，如果凡事斤斤计较，过于在乎那些细枝末节，那么，势必会丢掉大局，从而给企业造成更大的损失。

人们常说“铁打的营盘，流水的兵”，一个企业从小到大，既有不断加入的优秀人才，也会有人陆续离开，这是十分正常的事情。号称“中国企业教父”的柳传志，在用人这件事情上看得开，时刻牢牢把握着大局，对于那些不正常的现象，他从来不会过分忧虑，这也正是他获得成功的一个重要原因。

在联想有不少元老级别的员工当初跟随柳传志一起创业，在大家的共同努力下，联想从一个几百万年销售收入的普通企业，迅速成长为年销售额超过百亿的知名品牌。然而，天下无不散的宴席，从倪光南、吕谭平、孙宏斌到杨元庆、郭为，一个个重量级人物的离开并没有让柳传志有任何忧虑。

在他看来，企业发展需要新陈代谢，这种新陈代谢的规律注定会带来元老人物的退出，只要把握住了大局，那么便不会因为新老员工的交替而忧虑，尽管陆陆续续有人离开，但柳传志始终都是气定神闲，一步步筹划着企业的发展，一步步引领着大家把联想发展壮大。

好不容易培养起来的骨干离职了，与自己一起并肩作战熬过困难时期的伙伴离开了，原本重点培养的下属突然跟不上团队的发展了……在具体的管理工作中，总是会出现这样或那样的遗憾，即便是再优秀的管理者，也很难做到尽善尽美。

人才掉队并不是什么遗憾事，而是一种常态，企业对人才的需求本身就是“喜新厌旧”的，所以有人离开很正常。作为企业管理者，不必为此而担忧，越是这种危急关头越是不能手软，学会处理“掉队者”才是正确的应对之策。

SOME TIPS FOR TEAM MANAGEMENT

第八章

如何解决员工的矛盾与冲突

在企业内部，一旦员工之间发生矛盾和冲突，管理者有责任站出来协调矛盾、化解冲突。然而“劝架”并非易事，既要保持公正的姿态，又得顾及双方的颜面，只有掌握劝架的“艺术”，才能成为化解矛盾的高手，化干戈为玉帛。

1 解决员工冲突的6种方法

有这样一则故事，让人很受启迪：

春秋战国时期，韩国与赵国发生战争，两国各派使者前往魏国借兵，但是魏王谁也没答应。当两国使者悻悻回国后，才得知韩国与赵国的战火已经平息，原来魏王已经派人从中调停，韩王和赵王都十分感激魏王。

面对他人之间的矛盾与冲突，魏王没有介入冲突，没有卷入战争，而是以第三者身份出现，抱着公平的原则，巧妙地加以周旋，最后既让冲突的两国化干戈为玉帛，又确立了自己的主导地位。这就是高明的劝架艺术。

在面对员工之间的冲突时，管理者也应该像魏王一样，既不能置身事外，不予协调，也不应该直接批评、处罚冲突中的一方，而要保持公正的姿态，顾及双方的颜面与感受，给彼此一个体面的台阶，让彼此化干戈为玉帛。这样既能轻松化解双方的矛盾与冲突，又能显示你的权威性，使你赢得下属的尊重。

要注意的是，在解决员工冲突时，首先要搞清矛盾与冲突是由什么引起的，只有找到了原因，才能对症下药地解决矛盾与冲突。一般来说，员工之间产生矛盾与冲突有这样几种原因：

原因一：处事策略不同引发的矛盾冲突

每个人都有自己的个性、认知、处事方式以及对问题所持的态度，这就导致了人与人之间在处事策略方面的差异，如果这些差异得不到有效的调和，就容易产生矛盾与冲突。

一般来说，处于矛盾中的当事人不会轻易放弃自己的处事策略，除非你真的能让他们认识到自己的处事策略有问题，否则，你最好不要轻易指责矛盾双方的处事策略。如果你武断地说某一方的处事方式不对，贬低他，就很容易激怒他，使他产生抗拒的心态，这样对解决矛盾冲突是非常不利的。

最好的办法是用事实说话，让双方亲眼看到彼此处事方式的优劣。比如，你可以让双方各自去试着做一件事，或者来个竞赛，将任务分成若干部分，让他们分头处理，用最后的结果来证明自己。

原因二：责任归属不清产生的矛盾冲突

部门的职责不明，员工个人的职责不清，这也是造成矛盾与冲突的常见原因。比如，某些工作大家都认为不是自己的职责范围内的工作，结果大家都没有做；而有些工作大家都认为是自己职责范围内的工作，结果大家都做了。

对于这种情况，矛盾的双方都有责任，但管理者的责任更是不可推卸。因为员工之所以不清楚工作、责任的归属，很大程度上在于管理者没有清晰地划分工作与职责，因此，解决这种矛盾冲突，管理者首先要站出来承认自己的错误，安抚冲突双方的情绪，然后立即重新划分工作，使双方明确各自的责任。

当然，有些职责不用划分，员工理当清楚的。对于这种责任，如果员工推卸，并且与其他员工发生矛盾，管理者有必要客观地指出他的错误。同时，让他承担接下来的工作，这样的处理是相对比较公平的。

原因三：个人情绪产生的矛盾冲突

每个人都有情绪，因情绪产生的矛盾冲突是短暂的矛盾，但却是较难处理的矛盾。因为人的情绪无法预测，难以控制，在处理的时候，管理者稍有不当，就很容易被误认为是在偏袒一方，这样就容易使彼此的情绪升级，进而引发更大的矛盾。

小王早晨去上班，由于着急赶车，出门忘了带伞，结果在路上被淋得浑身湿淋淋的。更糟糕的是，他在挤公交车的时候钱包丢了，虽然钱包里没多少贵重的东西，但已经足够让他气愤了。当他气冲冲地走进公司时，他已经迟到了5分钟。想到这个月的全勤奖没了，他更加生气。这时同事小李大声对小王说：“今天该你打扫卫生了，还不快点!”小王一听就来气了：“关你什么事？要你多嘴。”小李一听，也不干了，于是与小王吵了起来。

对于这种情况，管理者没有批评小王和小李，他只是先制止两人，让两人冷静一下。到了中午时分，他才叫小王谈话，当他得知小王丢了钱包、淋湿了衣服时，他表达了同情和理解。最后，温和地提醒小王：以后遇到不顺心的事情要试着放宽心。接着，管理者再找小李谈话，把小王的遭遇告诉小李，让小李理解一下小王当时的心情。就这样，这起矛盾冲突就化解了。

对于类似的矛盾冲突，管理者首先应该让矛盾双方冷静，因为情绪不稳定的时候，解决矛盾的难度很大。只有让彼此平复情绪，冷静下来，然后了解双方情绪爆发的原因，这样才能更好地处理矛盾。

原因四：因争夺有限的资源而引发的矛盾冲突

企业的资源是有限的，这种稀缺性的资源很容易导致员工展开各种形式的争夺。这种争夺在一定程度上会导致矛盾和冲突，比如，公司计划在内部提拔一位经理，但是还未决定提拔谁。员工得知这一消息后，为了获得提拔，不惜明争暗斗，这样就很容易引发矛盾冲突。

对于这种矛盾冲突，管理者可以开诚布公地宣布：大家要公平竞争，凭个人能力来竞争，谁能获胜那是本事，如果有人暗中使坏，使用不正当手段争夺，那么一旦发现，他将承担后果。这样做是为了保持企业内部的纯净氛围，这对企业发展十分重要。

原因五：利益不一致引发的矛盾和冲突

利益不一致是引发冲突的常见原因，利益冲突体现在两个方面，一个是直接利益冲突，比如，待遇不公平；一个是间接利益冲突，比如，培训机会不公平。

对于这种矛盾冲突，管理者有必要认真分析，引发这种冲突的事件到底是否存在不公的现象，例如，如果是给员工的待遇不公，引发了矛盾冲突，管理者有必要及时澄清待遇有差别的原因。如果引发利益冲突的事件不是公司的过错，那么管理者有必要提醒冲突的双方：要彼此保持尊重，为利益而争正常，但要记得用正当的手段去争夺，仅靠争夺是不行的，不妨通过合作的方式，彼此分享利益。

原因六：角色冲突

所谓角色冲突，指的是在企业中，员工对自己的角色定位不明确，或因员工没有认清自己的角色定位引发的冲突。例如，销售部的主管未经总经理的授权，接手行政部门的工作，结果引发两个部门的冲突。

对于这种问题，管理者应积极反思，是不是公司的职位说明书解释不清楚，导致员工不清楚自己的角色定位。如果是这个原因，管理者应及时完善公司的职位说明书；如果不是这个原因，管理者应客观地指出矛盾冲突双方的冲突点，并以理解的心态劝和双方。

总之，无论员工的冲突是因什么引起的，管理者在处理时都应该学会倾听。倾听是了解冲突的最佳办法，也是安抚冲突双方情绪的有效手段，在倾听的基础上，再以公正的处事原则，巧妙地协调矛盾双方，使矛盾冲突尽快化解，使彼此握手言和。

2 处理员工不满情绪的 3 大步骤

不满情绪是一种正常的心理情绪，当员工认为自己受到了不公正的待遇时，就会产生不满的情绪，他们可能发牢骚、抱怨，甚至通过自己的行为来表达不满，如消极对待工作、拍桌子、扔东西等。

身为管理者，发现员工有不满情绪时，大可不必产生恐慌。首先，发泄不满有利于缓解员工心中的不快。其次，及时关注员工的不满情绪，并认真对待员工的不满。千万不可对员工的抱怨反应迟钝，因为这样很容易导致管理的混乱与矛盾的激化。

广州有一家大型家电公司收购了一家冰箱公司，之后总公司派来了四位老师，并带来了一套制度。半年后，该冰箱公司起死回生，但是这四位老师却被员工打伤了，住进了医院。

为什么公司起死回生了，员工还打伤四位老师呢？原来，员工认为这套制度太严了，非要把这四位老师赶走。

后来，总公司派来一位经理来解决问题，经理召集全体员工说："你们可以派出三名员工代表，然后让这三位代表回家把父母、老婆、孩子叫到公司来，我有话对他们说。"

当这三位代表的家属来到公司后，经理对他们说："这四位老师给公司带来了很严的制度，但也带来了新生，现在企业的效益越来越好，员工赚得越来越多，这样不好吗？如果大家要把这四位老师赶走，那公司还可能回到之前倒闭的状态，到时候大家都赚不到钱，你们愿意吗？"

最后，三位代表的家属说服了三位代表，而三位代表又说服了全体员工。

面对员工的不满，家电公司的管理者及时做出了回应，顺利地化解了员工的不满，保证了企业在原有的制度下顺利发展。

这个案例说明，再棘手的问题，只要找对了方法，都能轻松化解。

一般来说，员工产生不满情绪有薪酬问题、工作环境等。薪酬问题是员工抱怨最多的，它关系着员工的生存质量。当本公司的薪酬水平在同行中偏低时，当员工的学历、岗位、业绩与薪酬不相符时，当薪酬、加班费、年终奖的计算不合理时，员工都可能会产生不满情绪。工作环境和工作条件糟糕也会引起员工的不满，小到公司的办公室布局，大到公司所处的地理位置等，都可能成为引起员工不满的原因。

通常来说，在处理员工不满情绪时，要坚持三大步骤：

步骤 1：了解员工不满情绪产生的原因。

当管理者发现员工对公司有不满、有抱怨时，应该充分重视，要及时查明原因。如果员工对薪资制度不满，管理者可以向员工了解：是不是某些职位薪资不合理，或是公司的薪资水平在同行业中偏低。通过倾听、与员工坦诚地交流，管理者不仅可以对员工表达尊重，了解员工的想法，发现员工产生不满情绪的根源，还可以听一听员工的意见和建议。

步骤 2：分析员工不满情绪的性质

了解员工不满情绪的主因之后，管理者有必要深入分析该不满情绪的性质。如果是因个人心情不好对公司产生不满情绪，管理者可以委婉地提醒员工："不要把个人情绪带到工作中来，以免对公司其他同事产生不良影响。"如果员工的不满情绪是因公司制度不合理、工作环境不理想、工作流程不规范等问题引起的，那么管理者则要详细分析相应的问题，提出一个解决方案，化解员工的不满情绪。

步骤 3：制定解决方案并定期跟进解决情况

针对员工不满情绪产生的原因，管理者应积极提出解决方案，当方案制定好之后，可以向员工公布。在公布时，要做到认真详细，合情合理地解释为什么要这样做。同时，还应有安抚员工情绪的相应措施。在方案实施一段时间后，管理者应跟踪了解员工情绪的变化，看员工对现状是否满意。这样可以让员工感受到关心，使员工获得激励，感受到公司的重视，从而更加努力工作。

3 争议面前，做一个公正的裁判

身为管理者，你经常要在工作中调节下属间的纠纷和矛盾。当员工之间发生纠纷时，管理者要学会及时、有效地调节，解决矛盾冲突，融洽人际关系，这是管理者必须掌握的领导艺术之一。

现实中，有些管理者在调解员工之间的矛盾纠纷时，喜欢偏向于某一方，强行要求另一方服从他的“判决”结果。殊不知，这样做是不明智的。因为这样根本无法化解员工间的争议和纠纷，反而会使争议和纠纷衍生出其他的不满和抱怨，员工觉得管理者不公正，会感到更加愤愤不平。

调解纠纷时要注意，欺软怕硬或和事佬的做法都是不利于解决问题的，管理者应该以真诚、负责的态度来公平、公正地处理问题，这样不仅有助于解决矛盾纠纷，还会增加员工对你的尊重和信任。

在具体调解过程中，管理者首先应弄清事情的基本状况。两个员工发生了矛盾纠纷，焦点问题是什么？如果不弄清这个问题，只根据表面现象来调解是不妥当的。还需要弄清矛盾纠纷产生的背景。有时候，矛盾纠纷是因误会产生的，有些矛盾纠纷是因谣言产生的。管理者在调解时，一定要弄清真正的原因。

在调解的过程中，管理者一定要做好倾听工作。管理者要了解矛盾双方的心情，他们都需要倾听，都需要理解，都需要你的支持。因此，在调解时，一定要认真倾听，并对他们的心情表示理解，要让他们觉得你是他的知音。这样他们才会把内心最真实的情感表达出来，你也能更好地了解他的本质意图，从而更有利于矛盾的化解。

调解是需要智慧的，是需要艺术的。通常来说，调解的方法有以下几种：

方法一：当面劝解法

有的矛盾纠纷的前因后果已经争执清楚，当事人的态度也很明朗，这时管理者可以当着矛盾双方的面，以一个公正裁判的角色，把整个矛盾前因后果说一遍，然后给矛盾双方各说几句体面的客套话，让彼此实现相互理解，然后握手言和。通过管理者的当面劝解，矛盾双方可以更好地摆脱当面道歉的尴尬，从而体面地从矛盾中脱身。

方法二：引导劝解法

对于火气比较大、情绪比较不稳定的当事人，管理者应尽量站在他的立场上，通过先认可他的观点，扑灭他内心的怒火。待他情绪稍微平静时，管理者再引导他换位思考，使他理解别人的观点，也意识到自己的不合理之处，从而达到化解矛盾的目的。

方法三：各个击破法

有时候，矛盾双方都在气头上，你怎么劝说都无济于事，而且你越劝他们反而吵得越凶。这时你不妨把他们分开，让他们各自回去冷静冷静，然后你再找机会与他们分别交谈，这样更容易化解矛盾。下面这个案例就是通过各个击破的办法来化解矛盾的。

有两位村民发生了矛盾纠纷，村主任赶来劝解，但两人依然争执不休。村主任劝了很久，也没有结果。正好到了午饭时间，村主任对矛盾的一方老张说："好了，先吃午饭吧，中午我去你家喝酒。"

饭桌上，村主任和老张小酌几杯，酒过三巡，村主任拍着老张的肩膀说："有什么好争吵的？听我一言，算了吧！"老张爽快地说："村主任，你让我怎么做我怎么做，我听你的。"

村主任从老张家出来，又去了矛盾的另一方老赵家，劝了老赵几句，老赵也很知趣地同意和解。

方法四：借助外力法

有些矛盾纠纷的当事双方互不相让，矛盾尖锐，不听劝解，这时可以借用有威信的人来劝解，比如，当事双方的父母、长辈或公司里比较有威望的人，这样更有利于矛盾纠纷的缓和，直到最后解决。

4 给员工一个心理“泄洪口”

俗话说：“人生之不如意十之八九。”员工在公司里发牢骚、吐苦水并没有什么大不了的。但对于员工的牢骚、抱怨，管理者应该提供一个适当的渠道供员工宣泄，以免员工的抑郁情绪越积越多，以致影响员工的斗志。

员工遇到不公的待遇和不愉快的事情时，发泄不满、抱怨不快，这是最常见、破坏性最小的发泄形式。很多时候，员工的抱怨只是停留在口头上，只要你让他们发泄出来，抱怨是不会影响工作的。相反，管理者懂得给员工一个心理“泄洪口”，让员工尽情地发泄不良情绪，反而有助于提高工作效率。关于这一点，著名的霍桑效应就是最好的证明。

1924 ~ 1932 年，哈佛大学教授 G·E·梅奥带领一批学者在美国芝加哥附近的霍桑工厂进行了一系列的实验，这项实验的最初目的是研究工作环境对劳动生产率的影响。后来，梅森开始研究心理和社会因素对工人工作效率的影响，其间他们研究了不同的工资报酬、福利条件、工作与休息的时间比率对生产效率的影响，但都没有达到预期的效果。

1928年，梅森对工厂的2100名工人进行了采访，开展了一次关于提高劳动生产率的研究。起初，他们按事先设计好的提纲提问，以了解员工对工作环境、工资、监督等方面的意见，但是没有什么收效。后来，访谈改为自由发表意见。在这一过程中，员工被尊重的心理得到了满足，且获得了一个发泄不满情绪和提供合理化建议的机会，因此，员工的士气高涨，产量幅度大增。这就是心理学上有名的霍桑效应。

霍桑效应也叫“宣泄效应”，它指的是让员工将自己心中的不满发泄出来可以促进工作效率的提高。霍桑效应告诉管理者们，一定要重视倾听员工的声音，要建立宣泄渠道，让员工尽情地宣泄内心的不良情绪。

日本“经营之神”松下幸之助有一句口头禅：“让员工把不满讲出来。”他表示，通过鼓励员工宣泄不满，通过倾听员工的不满，使管理工作多了快乐，少了烦恼；人际关系多了和谐，少了矛盾；上下级之间多了沟通，少了隔阂；公司与员工之间多了理解，少了对抗。倾听是一种尊重，倾听是一种信任，倾听是一种良好的沟通。身为企业管理者，如果你懂得了倾听，那么很多管理难题都会迎刃而解。

美国纽约有一家代理销售的大公司，其总经理梅琳表示，公司得以健康发展关键在于管理层门重视倾听员工的心声，鼓励员工发泄内心的不良情绪。为此，公司特意建立了员工宣泄渠道。

每当公司来了新员工，梅琳都会向新员工作自我介绍，在不侵犯私生活的领域内与员工畅谈，积极加深彼此的印象。她还经常和下属谈论彼此的身世、爱好和特长，努力找到双方共同的话题。这种做法很好地取得了员工的信任。

有一位女主管有段时间接连犯低级错误，经常魂不守舍的样子。梅琳一开始并不知情，等她知情时，女主管已经把写好的辞呈交给了她。梅琳没有接受她的辞呈，而是约她第二天一起喝咖啡。

在喝咖啡的时候，女主管向梅琳谈起了自己的婚姻问题，她对梅琳说："我是否应该和我丈夫离婚呢？"由于梅琳不认识女主管的丈夫，对这位下属本身也不是特别了解，所以，她没办法给她建议。她能做的唯一的事情就是耐心地倾听，不时问女主管："你觉得怎么做最好呢？"在听女主管诉苦的过程中，梅琳多次问她是怎么想的，而每次女主管都会告诉梅琳她的想法。

第二天，梅琳收到了那位女主管送来的鲜花和热情洋溢的字条，字条上写着感激的话语，还说希望收回辞呈，她想用一个月的时间来改变现状。

在那年的年终总结会上，这位女主管告诉梅琳，她现在的婚姻非常完美，她可以将饱满的热情投入到工作中去了。后来，这位女主管所管理的部门一跃成为全公司业绩最好的部门。

无论员工在发泄的过程中说了什么，你都不要往心里去。

抱怨无非是一种发泄，员工只是需要一个忠实的听众，而这个听众往往会成为他最信任的人。因此，只要你能让员工愿意向你倾诉，你的管理工作就成功了一半，因为你已经获得了他的信任。

给员工一个心理“泄洪口”，让员工把肚子里的苦水倒出来，这是你作为管理者的责任。你要做的就是创造一种积极的谈话氛围，只要有可能，请尽量安排员工在私人场合与你交流，并鼓励员工倾诉内心的苦闷，无论这种苦闷情绪是有关公司的弊病，还是有关员工生活中的种种不顺，只要员工愿意说，你都应该耐心地倾听，并积极做出回应，让员工知道你非常重视他说的每句话，你很关注他的心理感受，这样会给员工带去巨大的精神振奋，使员工感到充满动力。

5　既要会唱红脸，也要会唱白脸

经常听有些管理者说：“我对下属那么好，可是他们不知好歹、见利忘义，居然跑到竞争对手那里去了，真是太不重情义了。”也听到有些员工私下里说：“某某领导真讨厌，整天就知道黑着脸，动不动就批评人、处罚人，我已经受够了，有机会我一定跳槽。”

为什么管理者对下属施恩，下属却不知感恩？为什么管理者对下属发威，下属却反弹呢？这是因为管理者只知道一味地施恩或一味地施威。管理者一味地施恩，容易让员工觉得管理者软弱，没有领袖的魄力和威严，从而难以服众；管理者一味地施威，容易激起员工的逆反和抗拒心理，难以赢得员工的支持和拥护。

在中国历史上，前秦皇帝苻坚是一味施恩的典型代表，他把投降和俘虏来的几个他国的皇帝都封了大官，甚至让他们带兵打仗。当苻坚在淝水一战中失利时，这些皇室及其后裔纷纷起义，没过几年，就把前秦折腾得不成样子。

一味施恩也是不行的，一味施威比一味施恩更危险。三国时的张飞就是一味施威的典型。关羽死后，张飞为了替关羽报仇，下令所属的三军在三天之内置办白旗白甲，挂孝伐吴。第二天，部将范疆、张达来报，说三天之内不可能完成这个任务，要求宽限时日。张飞不但不宽限时日，反而把这两人绑起来，各鞭打五十。结果这两人怀恨在心，趁张飞喝醉酒睡大觉时，把张飞杀了。

从这两个例子中可以看出，一味施恩或一味施威都是不行的，只有恩威并施才能巧妙地管人驭人。正如西晋陈寿在《三国志·吴书·周鲂传》中所说："赏善罚恶，恩威并行。"在企业管理中，管理者恩威并施又被称为"既会唱红脸，又会唱白脸"，唱红脸指的是施恩，如认可、表扬、奖赏、提拔，唱白脸指的是施威，如批评、斥责、处罚、打压。

唱红脸唱白脸是一门学问，只唱红脸不唱白脸，公司上下会说你太软，没有管理能力。只唱白脸不唱红脸，员工会说你没有人情味。只有懂得在该唱红脸的时候唱红脸，在该唱白脸的时候唱白脸，巧妙地运用红白脸的艺术，你才能成为一个优秀的管理者。

现实中有这样的管理者，他们很有领导脾气，只要看到不顺他的事，他就把下属叫到跟前噼里啪啦骂一顿，好像厉害得不得了，可是下属们既不反感他，也不认为他管得太严，大家反而都很喜欢他，很信服他。为什么这样呢？因为这种管理者既会唱红脸，也会唱白脸。

有一家塑胶加工厂的年轻技师小胡和生产组的组长老陈发生了矛盾。小胡来公司不到两年，老陈则是在公司里工作了十余年的老员工。两者的冲突起因于成型机的改良，小胡是理论派，认为有必要在成型机上加一个自动控制钮，老陈是经验派，认为没有必要这么做。就这样，两人意见不同，产生了分歧，最后吵了起来。

工厂的老板蔡总知道，两人的出发点都是好的，争吵不过是为了面子。小胡是想证明自己的理论丰富，老陈是想证明自己的经验丰富，不想被年轻人比下去。于是，蔡总依次将小胡和老陈叫到办公室，分别和他们谈话。

小胡刚进蔡总的办公室，就被蔡总怒批一顿："你一个初出茅庐的小屁孩，怎么能和老员工吵架呢？你有什么不满，可以和我说嘛，他都可以当你父亲了，你也太不尊敬他了。"

见小胡低头不语，蔡总马上变脸了，说："你是公司的高才生，有能力，专业知识丰富，公司的发展全看你了，希望你争一口气，研发出新产品。照理说，我应该给你涨工资，但你毕竟来公司不久，我现在如果给你加工资，公司的老员工会感到自己不受重视。我相信你理解我的苦衷，你还年轻，又有自己的理想，相信你不会计较眼前的待遇。不过我向你保证，将来我是不会让你吃亏的。”

小胡听了这番话，心情顿时由多云转晴了，而且对蔡总充满了感激，对自己在公司的未来充满信心。

接着，老陈走进了蔡总的办公室，一进门也被训斥一顿：“老陈啊，不是我说你，你这么大的人了，怎么和年轻人胡闹呢？这成什么体统啊？你资历比他老，有什么不满，跟我说就行了，何必公开和他吵架呢？”

见老陈不说话，蔡总马上变脸了，他呵呵一笑：“怎么说你也在公司干了十几年，我最信得过你了，我知道你能力强，经验丰富，可开发新产品光我们俩远远不够，还需要吸纳新人。如果我用一个新人，你就跟他闹分歧，以后谁还敢来？以后你度量大点，免得别人说我帮着你欺负新人。”

老陈原本一肚子不满，听了蔡总的话后，觉得蔡总很器重自己，因此点头表示受教。

在日常管理工作中，管理者要身兼两职，既要唱红脸，也要唱白脸。比如，当下属犯了原则性的错误时，你就要唱白脸，甚至唱黑脸，铁面无私、秉公执法，该批评的批评，该处罚的处罚。如果这个时候你不敢唱白脸，一味地做老好人，那么你就是不合格的管理者。

当下属犯了一些非原则性的错误，只因不小心造成了失误，这时你就要唱红脸，先安慰后鼓励，再教他正确的方法，提醒他以后注意避免犯同样的错误。即便你要批评他，也要在唱完白脸之后唱红脸，就像上文的蔡总一样，这样更容易让员工接受你的批评。总而言之，该唱红脸的时候唱红脸，该唱白脸的时候唱白脸，红脸白脸一起唱，让员工对你的管理心服口服。

6 有些矛盾“冷”处理更好

在日常工作中，无论是同事之间还是上下级之间，都不可避免地会发生一些矛盾和摩擦。比如，上下级之间由于分工不合理，同事之间由于语言不当等原因，导致彼此心里不愉快而发生争吵。出现这种情况时，矛盾的双方都在气头上，情绪都比较激动，这个时候应该怎么处理呢？答案是“冷处理”。

当两名员工发生矛盾时，他们有可能马上找到你，希望你站出来公正地评判谁对谁错，以解决这个矛盾。这个时候，如果你立即处理，无异于火上浇油，因为此时双方的情绪都很激动，即便你的处理是公正的，也难以让双方满意，总有一方认为你在偏袒另一方。所以，最好的办法是先受理这个矛盾，然后请双方先回去，平复一下心情，冷静一下头脑，稍后再找他们谈话，了解矛盾的真相。

“冷处理”通常会达到这样三种效果：

第一种效果：冷静一段时间后，纷纷意识到自己的不对，对之前发生的矛盾冲突有所反省。这时，你可以分别与他们聊天，了解他们的想法，倾听他们的苦恼，稍加安慰和提点，矛盾就化解开了。然后你再找个机会，让矛盾双方见个面，彼此道个歉，他们就能化干戈为玉帛了。

第二种效果：冷静一段时间后，一方认识到自己的不对，你可以将这一方的反省反馈给另一方，促使另一方自我反省。我们知道，很多时候闹矛盾，往往出于一种面子心理，这就是我们常说的“咽不下这口气”，如果一方主动承认自己不对，那么另一方的对抗心理就很容易被软化。这样一来，双方的矛盾和纠纷不就化解了吗？

第三种效果：冷静一段时间后，仍然觉得自己占理，死活不妥协。这个时候，最公平的解决办法就是你给他们讲清利害关系，比如，“你们这样闹下去，搞得大家都不愉快，何必呢？倒不如大家各让一步，把矛盾解决了吧？”这样做可以体现你的公平和公正，也能更好地服众。

以上说的员工之间产生了矛盾，你作为管理者，作为“裁判员”，在调解矛盾时应注意的问题。还有一种情况是，你是矛盾的一方，比如，你和同事发生了矛盾，你和上司发生了矛盾，你和员工发生了矛盾，这个时候你同样要学会“冷处理”。在这方面，有一个案例值得我们引以为戒。

易安信是一家美国信息存储资讯科技公司，有一次，其大中华区的总裁陆纯初下班后回到办公室取东西，走到门口时一摸口袋，发现没带钥匙。此时，他的私人秘书瑞贝卡已经下班，于是他给私人秘书瑞贝卡打电话，但是没有联系到她。几个小时候，陆纯初怒火难耐，于是在凌晨写了一封措辞严厉、语气生硬的谴责信给瑞贝卡。与此同时，他还将这封信同步抄送给了公司其他几位高管。

瑞贝卡看了这封邮件后，马上以咄咄逼人的口气回复了一封信，并把这封邮件抄送了中国分公司的所有人员。很快这件事就被传到了网上，形成了几千人转发的局面，网友们把瑞贝卡称为“史上最强的女秘书”。

在这个案例中，无论是总裁陆纯初，还是秘书瑞贝卡，他们的做法都是不理智的。客观地说，这起矛盾之火是由陆纯初点燃的。对于下班后秘书未接到电话，陆纯初表现出难以抑制的愤怒。这种愤怒的背后表现出来的是一种自我和专制。当然，作为下属，瑞贝卡在被谴责后，没有保持冷静，直接导致矛盾升级。

矛盾双方都在气头上，在极不冷静的情况下对事情做出了回应，而且他们忘记了对事不对人的批评原则，直接把矛头指向对方。其实，身为下属的秘书，如果瑞贝卡能采取“冷处理”的方式，在面对上司失控的情绪时选择回避，等对方气小了或消了气再作解释，也许更容易化解矛盾。这种暂时性的回避并不代表软弱，而是一种宽容和体谅，反而更能赢得上司的尊重和好感。

同样，作为上司的陆先生，如果在情绪失控时提醒自己冷静下来，把这件事放一放再去想，也许就不会出现后面的结局。所以说，无论矛盾中的一方是你的上司，还是你的同事，抑或是你的下属，你都有必要对矛盾进行“冷处理”，这是一种理智的、明智的、富有智慧的矛盾化解法。

7 对于不知好歹的人不必一味退让

在这个世界上，多数人是善良的，是懂得感激的，但是有一部分人是极度自私的，是贪得无厌的，是不知好歹的。对于这种人，不管你承不承认他们存在，他们始终都在那里寻找机会获利。在工作上，他们往往找理由推脱责任，又找理由维护自己的权益，满足自己的私欲。对待这种员工，你会怎样处理呢？我们不妨先来看一个案例：

潇潇是某公司的助理，当初公司老板聘用她，是因为觉得她是穷人家的孩子，能吃苦。考虑到潇潇的实际情况，她一进公司，老板就给她正式员工的待遇。老板之所以在薪酬方面照顾潇潇，是因为潇潇家境贫困，她没有了父亲，母亲又下岗了，弟弟还在上大学。人事部经理和副总经理都认为老板是妇人之仁，事实证明他们的观点是对的，因为潇潇根本没有记老板的好，根本没有领他的情，反而变本加厉地提出过分的要求。

潇潇在公司工作了两个月后，顺利转为正式员工。老板对她说：“虽然你转正了，但是工资还是那么多，因为你一来公司，我就是给你正式员工的工资，不过你转正后，可以享受公司的其他福利。”

这原本是非常合理的规定，但潇潇却不高兴，她说了很多困难，软磨硬泡要求老板加薪，老板心一软，就说：“那好，我给你加 200 元，希望你好好干。”同时，老板表示，在未来的一年之内不会再给潇潇涨基本工资，潇潇答应了。

紧接着的一个月，潇潇的工作出错比较多，老板通过了解，得知她家里的事情比较多，于是就提醒她注意改错。当时公司辞退了两名不合格的员工，还有一个员工准备离职，公司的生意从淡季转入旺季，要做的事情比较多，还要培养新员工，空位还需要替补，这些事情都让老板忙得不可开交。

没想到，潇潇居然在这个节骨眼上找到老板，说她的工资太低了，还说她一个人干了好几个人的工作，言外之意是自己是不可替代的。老板当时没有表态，说会考虑的。事后，老板和人事部经理、副总经理商量了这件事，他们都表示要辞退这名员工，因为她太不知好歹了。最终，老板做出了决定，辞退了潇潇。

像潇潇这样贪得无厌、不知好歹的员工，被称为“渔婆型”员工。这种员工把自己看得太重要，自信心强得过了头，有点不知道天高地厚。对待这种员工，无论你给他们多高的工资，无论你对他们多好，他们始终心比天高，不知道满足，更不知道感激。

有时候公司为了关心员工，会帮他们解决一些实际困难，给他们一些恩惠。但渔婆型员工脸皮很厚，什么要求都敢提。一旦有了开始，就会得寸进尺。有时候公司为了引进人才，会给员工一些比较优惠的条件，但渔婆型员工在此基础上，还会提出更多的附加条件，比如，要求公司解决孩子的教育问题，要求公司解决交通工具的问题，要求公司解决住房问题等等；有时候公司体贴员工，对员工请假事由不予追究，但渔婆型员工毫不自觉，有了一次成功请假之后，就会屡次请假，一点都不自觉。

渔婆型员工对薪水的认知存在很大的偏差，他们总是认为老板给他们加薪是理所当然的事情。当他们的加薪要求得不到满足时，他们就会产生消极情绪，这种情绪不仅严重影响他们本人的工作效率，还可能传染给其他员工。更可怕的是，渔婆型员工眼里只有自己的利益，当公司不能满足他的利益要求时，他可能做出不理智的行为，损害公司的利益。

小徐在一家不锈钢铝合金公司上班，每个月工资3000元。他头脑灵活，工作肯吃苦，两个月后，老板给他加薪200元。半年之后，老板又给他加薪300元。春节将近，小徐对老板说："你什么时候再给我加薪？"老板听后说："你现在干活不如刚进公司那阵勤快，而且与另外两名员工协作不是很好，暂时不考虑给你加薪。"小徐心中愤恨，居然当即抄起铁锤，将老板办公室的电脑和饮水机砸了。

小徐得寸进尺，老板屡次加薪后，依然不知满足，不知感激，厚颜无耻地要求加薪。如果说他工作努力，给老板创造了很多利润，他提出加薪要求也不为过。可事实上，他的工作积极性不如先前高，与同事协作也不好，在这种情况下，他都能张嘴要求加薪，你是否觉得这种渔婆型员工愚昧可笑呢？

我们知道，多数老板是珍惜与员工难得的合作机会的，对于员工提出的要求，只要是合理的，大都会予以满足。只要员工能为企业带来效益，老板就会觉得值得。但是如果员工对企业的贡献值有限，而要求却绵延不绝，那么老板就不能一味退让、一忍再忍了。坚决将这种不知好歹的员工清理出团队，只有这样才能维护管理者的威信，才能保证企业的利益。

SOME TIPS FOR TEAM MANAGEMENT

第九章

如何应对员工的“跳槽”

自古以来，人才就是财富，就是竞争取胜的法宝。不论什么时候，人才的流失都是公司最大的损失。身为管理者，如果想让自己一手经营的企业稳步快速地发展，一定要尊重人才、重视人才，努力创造企业与人才双赢的局面。

1 容才留才，防止“跳槽”

很多管理者在面对员工“跳槽”时，往往心存怨恨，觉得员工忘恩负义，却未反省自己在容才留才方面做得不够，致使失去人心，导致人才流失。英明的管理者非常清楚，员工跳槽一定有原因，而且很大原因是自己做得不够好。因此，他们会引以为戒，做好容才留才工作，以免人才再度因类似的原因流失。

某电度表组装公司的总经理，决定任用一个进过监狱的员工当分公司的厂长，这件事在公司内部引起了很大的争议。为什么总经理要这么做呢？

原来，他在调查这个分公司时发现，该公司的其他小组的员工每人每天只能组装 10 ~ 16 只电镀表，但是那个进过监狱的员工所在的小组，员工每人每天可以组装 40 ~ 50 只电镀表。这在很大程度上归功于他，因为他是小组的组长，在他的领导下，该组的每个员工工作效率都很高。

面对公司其他管理者的反对意见，总经理向大家讲述了一个故事：“三年前，我刚创办这家电镀厂时，曾因一个员工经常顶撞我而被我扫地出门，后来这名员工在同行企业干得风生水起。我非常后悔自己当初的决定，从那以后，我就告诉自己，千万不能因员工有不足、有劣迹而容不下他，只要他有能力，我就会重用。”

就这样，总经理顶住了舆论的压力，将这名小组长晋升为分公司的经理。果然，在该员工的领导下，分公司的员工工作效率大增，平均每人每天能组装40只电镀表。

对于这一好的现象，有人仍不服气：“坐过牢的人也能当经理，这真是个笑话！”听到这样的反对声音后，总经理当即反驳道：“你能让员工的组装效率提高到每天组装40只电镀表吗？如果不能，请你闭嘴。”

在总经理的赏识与重用下，这名经理十分努力地工作，并且忠心耿耿地追随于总经理。很多企业出高价聘用他，他始终不动心。他说：“老板包容我、欣赏我、重用我，这是我最大的荣幸，我哪也不去，我就在这里工作到老。”

你爱才吗？没有一个管理者说“不爱”，可是怎样爱呢？这种爱不能仅停留于嘴上，而要表现在行动上，要接纳员工的不足，要欣赏员工的优点与长处，要支持员工提出的某些建设性的方案，要给他们一个绚丽多彩的舞台，让他们尽情展现才华。

在平时的工作中，当员工出现错误时，只要不是触犯底线的原则性错误，管理者都应有一颗包容之心。俗话说：“人非圣贤，孰能无过。”管理者对员工错误的包容，既能体现出管理者的胸怀，又能赢得员工的敬重与拥戴，使员工忠心耿耿地效力于企业。

春秋时的楚庄王，有一次宴请群臣，大家都喝得有点醉意。忽然一阵大风吹来，把大厅的蜡烛吹灭了，顿时大厅一片漆黑。很快，楚庄王的妃子就把他拉到一边，小声说：“刚才有个人趁黑调戏我，我一把扯下了他帽子上的盔缨，大王你赶紧让人把灯点亮，看谁的帽子上没有盔缨，谁就是那个调戏我的人。”

楚庄王没有这么做，反而下令：“先不要点灯，大家都把帽子上的盔缨扯下来。”群臣有点不明白，宠妃也埋怨他，但楚庄王却不以为意。他告诉宠妃：“今日我宴请大家，图的就是一个开心，我不想因一件小事坏了大家的兴致。”

后来，在一次战争中，敌军把楚军团团围住，情急之下，有一员猛将冒死杀出，将楚庄王救出了重围。楚庄王感动之余表示要重重封赏他，但这名猛将却说：“当年我喝了酒，调戏了大王的妃子，大王不计较，放了我一马。今日我勇猛杀敌，便是为了报答当日大王的宽宏大量。”

宽容的力量是巨大的，它是管理者不可或缺的人格魅力，它不仅可以感化员工纠正错误，还能让员工获得激励，从而忠心效力于企业。在管理过程中，只要员工不是冥顽不化，不可救药之人，那么对于他们的错，管理者不妨难得糊涂，所谓得饶人处且饶人，包容他人的无心之过，给他人留余地，也是给企业留机会。

要知道，爱才容才，才能从心底留住人才，这是防止人才跳槽的最好办法。很多公司为了留才，使出了“十八般武艺”，不是涨薪就是增加股份，要么给员工创造良好晋升空间，帮忙解决员工的生活困难，除了在经济上尽可能满足员工的需求之外，管理者还应重视感情激励，信任员工、赏识员工，让员工获得尊重感和价值感。这样才能更好地留住人才。

2 应对员工“跳槽”的6大对策

员工跳槽，这已经是当前中国企业所面临的一大危机。员工跳槽不仅会造成企业资产的流失，还会给其他员工造成消极影响。因此，企业管理者要保持危机意识，制订相应的“反跳槽”对策，让员工感觉公司很好，从而真心真意留下来。这样，企业管理者就不会受到员工跳槽的困扰，企业也不会因此增加成本支出。

小王是一家知名旅行社的总经理助理。2008年大学毕业后，他就进入了该公司，其间，有不少公司想挖他，甚至开出很诱人的薪水，但小王都予以拒绝。这么好的机会，小王为什么放弃呢?

原来，该旅行社有一项针对主动辞职员工的“回聘”制度。小王曾在2010年主动提出辞职，在他临走时，总经理对他说：“你是一名优秀的员工，只要你想回来，我们始终敞开大门欢迎你，以后如果你有什么困难，尽管来找我。”

小王在辞职时，能听到总经理这番话，顿时内心倍感温暖，从此将公司的恩情铭记于心。小王辞职后一直没有找到更好的工作，于是他在2011年又回到了这家旅行社，并且更加努力地工作。

小王经常对同事说：“我喜欢这里的工作环境，总经理待人和气，对下属的工作从不多加指责，如果别人有不同的意见和建议，他总是非常耐心地倾听，然后和员工一同商量。还有他给员工的承诺，都会一一兑现。在这种良好的环境下工作，谁愿意离开呢？”

在这个案例中，旅行社推行的“回聘”制度值得我们借鉴。这种制度体现了对主动辞职的员工的包容和器重，极大地感动了员工，真正赢得了员工的心，从而有力地防止了员工跳槽。如果你也想达到这种管理效果，除了借鉴回聘制度外，还需要推行一套自成体系的应对员工跳槽的对策。

对策一：把好招聘关，减少人才不合格被辞或离职的成本

无论是员工跳槽，还是员工因能力不合格被辞退，对企业来说都是一种人员流动，始终会影响企业团队的稳定性。要想减少人员流动率，减少员工跳槽给企业带来的困扰，管理者有必要从招聘时开始，把好关、选好人，找到最合适的人才。为此，企业有必要实施一些完善的、科学的人才考核制度，为选择合适的人才作准备。当企业找到了合适的人才，企业给人才的薪酬、晋升、福利等才是物超所值的。

对策二：打造凝聚力，让企业如家一般给人才归属感

很多企业没有文化，有也只是有老板文化、家族文化或帝王文化，这样是留不住人才的。真正卓越的企业文化是家的文化，能与员工建立感情，让员工安心，让员工有归属感。在这样的团队，员工才会充满正能量，才会快乐，才会奋进。所以说，卓越的企业文化是凝聚人心的力量，是留住人才的法宝。

对策三：提供足够的培训机会，给人才发展的大平台

当今是学习时代，企业把员工招聘过来，不是一劳永逸的，还需要不断培训员工，让员工的能力得到提升。联想集团的创始人柳传志曾对管理者们说：“员工刚进公司时素质不高，这不是你们的错，但过一段时间，员工的素质没有提升，一定是你们的错。”这句话说明了企业对员工培训的重要性。企业管理者一定要转变认识，要从以往的选人用人，进一步转化到育人、造人。只有不断让员工获得提升，员工才会更有拼劲和奔头，企业才会更有希望。松下幸之助曾说：“松下是造人才的企业，同时也生产电器。”在松下公司，有很多种人才培训的方式，培训不仅让员工开心，还让员工开动脑筋极大地提升了员工的能力，使员工变得更优秀。当员工变得更优秀时，企业能不变得更卓越吗？

对策四：给员工有竞争力的薪酬和福利待遇

薪酬不是万能的，但没有竞争力的薪酬是万万不能的。企业要想留人，必须在薪酬、福利待遇方面尽可能满足员工，至少在同行业中不能处于末流。否则，员工很可能跳槽到薪酬水平高的企业。另外，福利的设计也要灵活多样，这不仅能激励员工，更能让员工有安全感、安定感，从而全身心投入工作。

对策五：丰富企业激励机制，以留下更多人才

良好的激励机制可以让员工充满能量，企业通过物质层面和精神层面的激励措施，可以有效地激发出员工的上进心、挑战欲、事业心和责任心，从而取得更好的业绩。除了薪酬激励，还有情感激励、信任激励、赞扬激励，还有目标激励和荣誉激励。激励的方式多种多样，管理者应灵活多变地激励员工，使员工充满生机，使企业充满希望。

对策六：辞退该辞的，留下该留的，保持企业人才合理流动

公平感在企业中十分重要，对于能力不足、素质不高、业绩不佳、阻碍企业发展的员工，有必要想办法淘汰。否则，他们不仅会影响整个团队的效率，影响公司的形象，还会造成一种不公平感。

试想一下，企业把不合格的员工留下来，与优秀的员工合作共事，甚至共分一杯羹，对优秀员工是不公平的。一旦优秀员工觉得不公平，就可能会愤然而去。所以，该辞退的要辞退，该留下的一定要留下，让企业保持一种“能者上，庸者下”的风气，让员工知道，只要自己努力，就会被重用。这样员工自然会留下来认真地干。

3 挽留优秀员工的5大原则

优秀员工是企业发展的中坚力量，少了他们企业很可能就玩不转了。很多时候，一位优秀的员工可能决定了一个部门的效益，因此，一旦优秀员工有跳槽的念头时，管理者们就会紧张不安起来。那么，当优秀员工递上他的辞呈，管理者又应该怎么挽留呢？

上海某汽车配件有限公司的优秀业务员小周，近来对公司的人事调动不满，一个月前，他以跳槽为由要挟老板给他加工资，给他升职。小周很清楚，他手里有远在北京的几单业务还没有做完，别人又很难接手，万一他走人，留下一个烂摊子给公司，收拾起来非常费劲，所以，他料定老板不得不答应他的要求以挽留他。退一步来说，即便老板不挽留他，他也已经找好了“下家”。

果然，人力资源部门的苏经理在第一时间将这件事通报给老板，老板第二天找他谈话，老板谈到了公司的发展和即将筹备的分公司的情况，到时候总公司将会派一些有业务能力的员工去管理分公司，同时暗示小周，公司到时候将会重用他。老板还很爽快地给小周加了薪，其薪水与中层管理干部的相同。小周如愿以偿，踌躇满志。

两个月后，小周负责的业务有了结果，老板再次找他谈话。大致的意思是，公司筹办分公司的计划没有想象中进展顺利，分公司的筹建将在很长一段时间内不被考虑。鉴于此，小周的工资恢复原级。

小周顿时傻了眼，他本想将公司一军，没想到反倒被公司将了一军。现在，公司已经逐渐将他手里的客户和业务转接过来，如果此时他想跳槽，公司根本不会在意，而他之前找好的下家早已泡汤。最后，小周只好接受公司的降薪安排。

凡事都有一个表象，就拿员工跳槽这件事来说，很可能员工并非真的想跳槽，只是想借跳槽之名要挟公司，以达到自己的某些要求。对于员工合理的要求，管理者满足员工也可以理解，但对于员工不合理的要求，管理者有必要与员工玩一玩“心计”。既然员工心怀不轨，那么管理者不妨将计就计，见招拆招。

上文中的公司老板就是这么做的，他深知员工小周的要挟是乘人之危，于是在第一时间进行了软化，说了一些虚的“美好蓝图”，满足了小周的薪资要求。等到时机成熟，便向小周摊牌，这个时候他早已变被动为主动，只好乖乖听命。

也许这位老板的做法有些“忽悠”和“欺骗”的味道，但面对小周的要挟，企业做出这种回应，完全是一种“正当防卫”。况且，这位老板筹办分公司并非虚言，只是时机未到而已。因此，他的挽留行为以及之后的行为是可以理解的。

毫无疑问，单纯针对挽留优秀员工来说，这家企业的管理层做得非常成功。那么，当你面对优秀员工辞职时，你该怎样挽留呢？下面有几条挽留原则，值得你借鉴。

原则一：即刻做出反应

当你接到一位优秀员工的辞呈时，如果你真心想留住他，那么没有什么比即刻做出反应更重要了。你可以取消下一项活动，你可以推迟会议时间，你可以将见客户这件事推后一天，你越这么做，给员工的感受越好，员工会觉得你十分在乎他。相反，如果你说“等我开完会我再和你谈”，“过两天我们再聊这个话题”，表现得丝毫没有紧迫感，那么员工的心就会往竞争对手那边更靠近一步，使辞职变得不可挽回。

即刻做出反应还有一个好处，那就是在员工还未铁定离职之心之前，你有更大的把握改变他的想法。硅谷的头号半导体公司赛普莱斯半导体的创始人兼首席行政总监罗杰斯曾说：“在任何公司都避免不了竞争者的袭击，高素质员工总是会有工作机会找上门来。”他指出，管理者能把多少人留下来，决定于管理者对员工辞职作何反应，管理者的反应越快，挽留员工的成功率就越高。

原则二：立即通知上司

罗杰斯表示，他要求自己的下级管理者们在接到员工的辞呈一个小时之内，对此事进行交流。如果有员工辞职，他一个小时之后才得知这件事，那他会认为下级管理者办事不力。他告诉下级管理者："你们可以打断我的会议，你们可以叫我离席，或打电话到我家。如果有人辞职，没有任何借口，一定要立即通知我。"

原则三：封锁辞职的消息

你希望把一位打算辞职的员工留下来吗？那么你就不要把他辞职的事情张扬出去，你除了让最高领导者知道这件事情，最好不要让其他人知道此事。如果大家都知道这名员工递交了辞呈，那么无论你怎么挽留，他都不太可能留下，因为人是要自尊的，员工若留下，就必须面对反悔的尴尬处境。如果其他人不知情，那么员工就不必面对这种尴尬处境，他就更有可能选择留下。

原则四：倾听员工的心声

员工为什么要辞职呢？管理者要想得知员工的真实想法，就有必要认真地与员工交流，耐心地倾听员工的心声。看员工是对薪酬不满意，还是在人际关系方面出现了问题，或是在家庭生活中遇到了困扰，或是其他公司"挖墙脚"。

很多时候，员工之所以选择辞职，是因为他找到了更好的工作或其他公司主动找到他，提供给他更好的待遇。在这种情况下，员工往往说一些冠冕堂皇的辞职理由，如果你不跟他深入交谈，是很难了解他的真实内心的。假如你真诚地与之交流，并幸运地得知有其他公司想“挖”他，而且你觉得这个员工的价值很大，那么你可以许诺他更高的薪酬，也许这样做可以留住这名员工。

原则五：制定有针对性的方案

了解了员工辞职的真实原因之后，再制定有针对性的挽留措施。例如，上文的“缓兵之计”就是应对员工跳槽的一种良方。若员工对薪酬不满意，可以适当提高员工的薪酬，如果员工遇到了其他方面的困难，企业可以帮忙化解。

最后，要提醒广大管理者一句的是：对优秀员工的真正挽留，其实不在于员工递交辞呈后的那个时间段，而在于员工递交辞呈前的漫长期间，对员工多一点重视，多一点关怀，多一点满足。

4 建立合理的人才约束机制

古人云：“千军易得，一将难求。”随着人才对企业的重要性不断上升，企业之间围绕人才的竞争愈演愈烈。“挖人”、“跳槽”现象频频发生，人才的流动性也越来越大，这给企业造成了巨大的损失。面对这一现状，企业怎样才能留住人才呢？

对于这个问题，很多管理者强调要建立一套有效的激励机制，以激发出员工的斗志，使员工感受到自己的价值，感受到企业的重视，从而迸发出积极的工作态度。这种做法并没有错，只是如果单纯地采用激励措施来留人，往往会让员工的自信心过了头，反而使员工有更大的勇气去跳槽。

那么，到底该怎么留人呢？最好的办法是，在采用激励机制的同时，还建立合理的人才约束机制，从制度上、从法律上、从利益上保证员工不能随意离开企业。如果员工真的要离开，他们将不得不体会割肉般的疼痛。在这方面，日本企业的“年功序列工资制”值得我们借鉴。

第二次世界大战之后，特别是20世纪50年代到70年代初这一时期，日本的实际国民生产总值保持10%的年均增长率，劳动力的再生长远远赶不上物质再生产的需要。劳动力不足、人才紧缺成为日本企业当时面临的最大问题。企业为了应对这个问题，稳定熟练的团队，防止员工跳槽，普遍实行了“年工序列工资制”。

所谓“年工序列工资制”，指的是员工的学历和工龄的长短与员工的工资水平成正比，工龄越长，工资会逐年递增，职位晋升的可能性也越大。如果员工的学历、能力与贡献值不相上下，那么谁的工龄长，在晋升中谁的优势就最大。工龄指的是员工在同一公司连续工作的年数，而不能将员工在不同公司工作的时间相加。

“年工序列工资制”的推行，既增强了企业对员工的吸引力，又有效地防止了熟练员工和技术骨干被其他企业挖走。在日本，一个人如果被公司“相中”并录用，一般不会在中途跳槽。如果跳槽，他们个人或多或少都会有一些利益损失。原因很简单，因为进入新公司，工龄要从头算起，而在原公司积累的工龄以及相应的工资水平都会作废。

日本一家保险公司曾做过一项调查，结果表明：员工跳槽后的平均收入与终生收入不是增加而是减少，减少程度因年龄而定。跳槽后，收入不受影响的员工一般都很年轻，且有特殊技能，因特聘而跳槽的。或者员工从一个平均收入比较低的行业，跳槽进入工资水平比较高的行业。但是，如果一个员工在35岁之后换工作，其终生收入都会减少。因此，只要企业不倒闭，日本35岁以上的员工一般都不会选择跳槽。

“年工序列工资制”是一套行之有效的约束机制，对防止员工跳槽有非常明显的效果，它既有利于增强企业的凝聚力，又有利于培养员工的忠诚度，还可以增强员工对企业的归属感。除此之外，我们还可以通过其他机制来约束员工，减少员工跳槽的可能性。

很多中小企业不喜欢与员工签订劳动合同，他们的想法是：不签订合同，辞退员工很轻松，一句话的事，少了很多麻烦。不签合同，还可以逃避劳动法对于企业规定的法律责任。殊不知，凡事都有两方面，企业不与员工签订合同，也意味着员工来去自由，而不会受到法律的约束。员工今天进入公司，明天发现一个更好的工作，就可以甩手不干了，跳槽去那家待遇更好的单位。如此一来，企业的人才流失率就会高居不下。

如果管理者把眼界放远一点，和员工签订合同，无论是一年一签，还是两年一签或三年一签，对企业来说，都是一种相对有效的保障。因为签订了合同之后，员工在跳槽时，或多或少会有一些顾忌。这样在一定程度上对员工可以起到约束效力。

在一些激励机制中，也包含着一些约束机制。比如，股权激励、年终奖激励等，这既是一种激励，也是一种约束力。以年终奖为例，员工若想得到年终奖，就必须工作到年底，如果中途跳槽，年终奖就泡汤了。在年终奖的设置上，对于来公司时间短的员工，可以按照工作时间长度来确定年终奖的数额。这样能增强年终奖的约束力。试想一下，如果员工的年终奖与工龄成正比，员工跳槽的概率就会大大降低了。

5 如何体面地辞退不合格员工

对任何一名企业管理者来说，辞退员工都是一件伤感情的事情，也是每一名管理者所不愿意面对的事情。因为亲口说出“对不起，公司决定辞退你了。”这句话，是非常残酷的，也是容易得罪人的，很容易影响自己的人际关系。因此，如何才能体面地辞退不合格的员工，考验的是管理者的智慧。

悦悦来公司快半年了，工作中没有任何可圈可点之处，同事们对她的印象也不太好。老板很想辞退她，但由于悦悦是亲戚家的孩子，担心直接辞退她引起尴尬。于是，迟迟没有处理这件事。

一天，老板突然想到了用 QQ 聊天的方式来辞退悦悦，但究竟怎么说呢？老板觉得必须委婉一点，让悦悦明白自己的意思，知趣地离开，这样才不伤和气。

终于有一天，老板想好了怎么说了，他对悦悦说：“我想和你谈谈职业发展规划的问题，你来咱们公司已经快半年了，我很想知道你对这个工作是否感兴趣？你想不想继续在这个行业发展？”

悦悦说：“说实话，我对这份工作不是很感兴趣，我很想有一份自己的事情，比如开一家服装店或一个淘宝店，做自己的事情，生活工作两不误。”

老板说：“其实以我平时对你的观察和了解，我也觉得你对目前的工作不太感兴趣。哦，那你平时有没有关注这方面的东西呢？我建议你先进入服装行业，了解一下行业内的知识，这对你以后开店非常有帮助。”

悦悦：“我也是这么认为的。”

老板：“要不这样，你把简历发给我一份，我帮你留意一下服装行业的工作，因为我有几个朋友就是做这一行的，我看他们能不能帮你找到合适的工作，你觉得怎么样？”

悦悦说：“好的，那谢谢你。”

一个星期之后，老板给悦悦找了一份服装行业的工作，悦悦高兴地离职了，进入了那家服装公司。

在这次辞退员工的整个过程中，老板与员工都非常心平气和，没有丝毫的不愉快。对比一下有些管理者辞退员工，闹得脸红脖子粗、拍桌子、瞪眼睛，你是否觉得这种委婉的辞退方式可以让员工更体面地离开呢？对企业的形象、管理者的形象以及上下级的关系都有好处。而且，让员工自愿离职，企业还不用承担辞退员工应承担的法律责任和相应的补偿，这对企业来说也是节省成本的一种方式。

上文案例中的老板采取的是委婉暗示辞退法，即不指出员工的错误，不抨击员工，而是旁敲侧击，暗示员工不合格，使员工知难而退，知趣离开。不过，有的员工虽然屡次被暗示，但依然装糊涂，赖在公司不走。这种现象也是比较常见的，也许他一直没找到新的工作，跳槽对他来说又是一种冒险。这个时候，管理者就有必要与该员工进行沟通，了解他的真实想法，必要时直接说明公司的辞退决定。

当然，你还可以采用第三种辞退员工的方法，那就是设法让别的公司把该员工“挖走”，如果该员工是高层员工，这种方法操作起来就更容易成功。因为高层员工的工资相对比较高，知名度也较高，比较容易被猎头公司关注，你可以向猎头公司推荐，让猎头公司给该员工打电话。这样员工就会意识到机会来临，从而减少被辞退所产生的痛苦。通过与猎头公司合作，可以保护员工的面子，让员工很体面地离开。

值得注意的是，在辞退员工后，必要时应对员工进行适当的安抚和补偿。比如，经济上的补偿，这个一般不能少。还应尽力为被辞退的员工介绍工作，避免被辞退的员工产生不满，做出对公司不利的举动。

另外，还需要在心理上安抚员工，减少其痛苦。平时还可以与被辞退的员工保持联系，逢年过节，给被辞退的员工发一条祝福短信，或在公司聚餐时邀请他们参加，让他们感受到公司的人情味，意识到没有机会为公司效力，但可以和公司的领导、同事做朋友。

6 辞退员工的3大面谈技巧

有人说，企业与员工就像一对恋人，热恋的时候彼此需要，当有一天一方变心时，就会出现两种情况：要么员工抛弃企业，选择跳槽；要么企业抛弃员工，辞退员工。现在，我们要讲的就是辞退员工。虽然这不是什么新鲜事，对员工来说也不是世界末日，但是当员工被辞退时，难免会使员工产生强烈的挫折感，甚至有一种跌入谷底的感觉。

当企业把一名员工辞退时，意味着企业不需要他，或他不满足企业的需要，这时员工会想：我没用了？我适应不了企业了？人家比我强？我太不幸了。就像失恋一样，痛苦的不是失去了恋人，而是感觉自已的价值被否定了。因此，企业在辞退员工时一定要照顾被裁员工的心理，用真诚、真心去安抚被辞退的员工，使他们平静地接受现实。

身为企业管理者，很多时候要扮演裁员者的角色，将那句最残酷的“公司决定辞退你”说出口。到底该怎样表达这个意思呢？这考验的是管理者的面谈技巧。在裁员引起的“事故”里，矛盾和震荡往往是由于没有沟通好而引发的。要想避免“事故”发生，管理者一定要做好离职谈话。

当你把一位即将被辞退的员工叫到办公室时，他很可能还不知道接下来将要被辞退。当你说出要辞退他时，他一定会觉得很突然。由于事先没有心理准备，他往往会有许多情绪反应，这是人之常情，但你对此要有所预知。

有的员工得知被裁时，可能表现得很气愤："我工作一直很认真，没有出过任何差错，为什么要辞退我？是谁决定的？"有的员工得知被裁时，可能默不作声，悄然流泪，显得非常失落和痛苦。身为裁员者，你该怎样进行辞退面谈呢？又该怎样安抚被裁的员工呢？

面谈技巧一：陈述立场，无须争辩

你要做的是执行公司的决议，而不是在菜市场，不需要和员工讨价还价，因此，你不必与员工争辩谁对谁错、谁是谁非，你只需平静地告诉他："你被裁了。"如果员工问："为什么我被裁了？"你可以说："公司的效益不好。"

至于员工提的其他问题，发的各种牢骚，例如"我为公司卖命十多年，就换来这个结局吗？""我做错了什么，难道没有改正的机会吗？"等等，你可以选择沉默对待，你要理解这是被裁员工的正常发泄，当他发泄累了时，一切也就归于平静了。但如果你与他争辩，那么事情就可能变得很麻烦，甚至会使员工在冲动之下做出不理智的行为。

面谈技巧二：不要妥协，但要灵活

当被裁员工抱怨时，你可以告诉他："公司知道你的委屈，所以会给你补偿的。"你可以立即说出补偿的办法，甚至是补偿的数额。在阐述的过程中，你所说的话要有依据，以体现你的专业性，因为你的任务是清楚而有效地沟通。

无论当事人如何抱怨、怒骂，如何感到不公平，你都不要和他正面冲突，而且不能表现出丝毫的妥协。千万不要表露出

“我再跟领导谈谈”的态度，即使你心里是这么想的，甚至即使这是一次错误的裁员，你也为对方感到不平，但既然你已经跟他说了，就一定要让他走，坚决不妥协。否则，一旦被其他被裁员工知道后，事态将会失去控制。

面谈技巧三：抚慰员工受伤的心灵

在整个离职谈话中，一定要记得抚慰被裁员工的心灵。必要的时候，给对方递上一张面巾纸，倒一杯温水，点一支香烟，让他的情绪得以释放。同时，你还应说几句充满同情与理解的话语，以抚慰他心灵的伤痕，比如：“你在公司工作这么多年，现在让你离开，确实很令人难受，我也觉得难过……”这样说是为了让对方接受被裁的事实，以平复他激动的情绪。错误的做法是，生硬地否定对方的心理感受，例如说：“哭什么呀，一个大老爷们儿，还流眼泪，要不要脸啊?”这样很容刺激对方，导致对方情绪失控。

值得注意的是，整个裁员面谈过程最好能在 15 ~ 20 分钟之内结束，作为裁员者，你不要试图与对方过度沟通，古话说得好：“言多必失。”尤其是在对方情绪激动、神经敏感、心理脆弱的时候，你越解释可能越说不清楚，越容易被对方钻字眼，被对方错误解读。所以，还是尽量早一点结束裁员面谈工作。

7 不到万不得已，不要轻易解聘员工

解聘员工是一件颇为无奈的事情，身为管理者，绝不能自恃手握大权，就凭着主观的喜好，或因看不惯某些员工而解聘

员工。因为这种做法与古代君王随意斩杀臣民无异，是残忍、冷酷、没有人道的。所以，但凡有仁爱之心的企业家、管理者，是不会轻易解聘员工的。

1974年，地产建筑业进入了萧条期，大量的建筑工人失业，建筑师们也无事可做，普遍面临着失业的危险。很多建筑公司纷纷辞退员工，但是胡应湘却不这么做，他对建筑师们说："当前是行业的困难期，也是我们公司的困难期，请大家原谅我，我不能给你们加薪。如果你们觉得工资待遇低，想离开，我不阻拦；如果你们没有更好的去处，我欢迎你们留下来，大家一起同舟共济，共同渡过难关。"

建筑师们听了这番话，十分感动，认为胡应湘虽然在工作上严厉，但是关键时刻，不轻易抛弃他们，这是一种善良、富有人情味的表现。从那以后，大家忠心耿耿地跟着胡应湘，成为他事业发展的中坚力量。

胡应湘认为，企业培养一个人才是不容易的，但失去一个人才却非常容易。因此，他一直坚持让员工为企业终身效力的用人思想，不到万不得已的时候，坚决不解聘一个员工。当员工在工作中表现不好时，他会像家长一样训斥员工。但在平时，他不忘对员工表达慈爱之心，像父母一样关怀着员工。如果有员工提出辞职，他会首先反省自己，看自己是不是哪些地方做得不好，然后诚意挽留员工。

胡应湘以人为本、尊重人才的用人观值得每一位管理者学习。坚持这种用人观，多给员工一些关心和指导，给员工一些尊重与厚爱，才能激发出员工内心深处的感激之情，使企业充满凝聚力，从而把公司经营得更好。

企业家李嘉诚也非常尊重人才，不到万不得已，绝不辞退员工。他叱咤商界六十余年，名下企业经久不衰，这与他对人才常怀仁爱之心是分不开的。

在创业初期，李嘉诚由于经营不善，导致长江塑料厂濒临倒闭。为了降低成本，改善经营状况他不得不裁员。为此，他召集全体员工，坦率地向员工说明了公司的情况，还当着全体员工的面说：“一旦厂里有了转机，就将那些辞退的员工叫回来上班。”李嘉诚的话，把在场的员工都感动了，大家的情绪得以平复，大家的士气也得到了鼓舞。

随后，李嘉诚开始有计划地拜访银行、原料供货商及客户，他向他们解释厂里所遇到的困难，诚恳地向他们请教如何渡过难关，还请求银行放宽对他们还款的期限。面对李嘉诚的诚恳态度，大多数人都能谅解他，而且如果长江塑料厂倒闭了，对他们也没有任何好处。因此，银行、原料供货商和客户都做出了不同程度的让步。

之后，李嘉诚将库存里的产品分类销售，慢慢收回了一部分货款，偿还了一部分债务。

在亲友的帮助下，他筹集了一些资金，用于购买原料、添置新机器，又重新获得了订单。于是，他把那些被辞退的员工叫回来，让他们重新回到厂里上班。

在辞退员工这件事上，李嘉诚不仅表现出了仁爱之心，还做到了说话算数。正如他本人所说：“信誉是不可以用金钱来估量的，它是一个人的金字招牌，这块招牌是无形的资产，而金钱是有形的资产。如果一个商人想要出人头地，必须要懂得经营和挖掘自己的无形资产，把无形资产变成有形资产。”李嘉诚的无形资产除了讲信誉，还有重人才，他无奈之下辞退员工的行为，恰好说明了他重视人才。

不要轻易解聘员工，不等于打掉牙往肚里吞，纵容不合格的员工。身为管理者，在解聘员工时，有必要综合该名员工的各方面表现，看看他的能力怎么样，人品如何，是否认同公司的价值观？是否遵守公司的制度？能否为公司创造价值？如果答案是否定的，那么这种员工就是企业的毒瘤，是企业的累赘，不解聘还留着干什么呢？

SOME TIPS FOR TEAM MANAGEMENT

第十章

如何建设一支打不垮、挖不走的团队

身为团队的带头人，如何建设一支打不垮、拆不散、挖不走的团队，直接关系到企业的生死荣辱。身为老板，一定要重视团队凝聚力的打造，要让团队文化融入每个人的血液，这样才能让企业充满希望。

1 团队建设就像揉面团，越筋道凝聚力越强

什么叫团队建设？如果用新东方创始人俞敏洪的话说，团队建设就像揉面团，越筋道凝聚力越强。在《赢在中国》第三赛季的第一场36晋级12强的比赛中，俞敏洪曾针对团队建设说了这样一番话："开始的时候，团队就像面粉，一拍就会散，但是随着时间的延长，往里面加水，揉啊揉啊，慢慢地就会成为面团，就很难散了，甚至越揉越黏，到最后这个团队就分不开了。"

在俞敏洪看来，要想打造一支优秀的团队，少不了三个因素：一是利益，二是权力，三是人情。这就是"揉面"时需要往面粉里添加的东西，俞敏洪特别强调了"人情"在团队建设中的作用。为此，他还联想到《三国演义》中的刘备和曹操，他说刘备和曹操都有强大的管理能力，不同的是刘备在人情投资方面，比曹操做得更好。

当年曹操对关羽那么好，关羽依然过五关斩六将，非要去找刘备，这就是刘备人情投资成功的一个典型例子。刘备经常跟部将们说："你们都是我的兄弟，打下的天下就是大伙儿的。"曹操却不这么说，曹操不曾和别人结拜，他聚集人才的

手段虽然既有人情，也有利益，但相对于刘备，他偏重于用利益留人才。

在新东方发展的过程中，俞敏洪历来崇尚“人情 + 利益”的团队打造理念，不过他承认，在新东方发展初期他的人情投资比较低级，不外乎请客吃饭、喝酒、出去玩，他和大家称兄道弟。随着业务的不断拓展，新东方的赢利范围不断扩大，这个时候俞敏洪身兼董事长和总裁的职务。原本这是一件好事，但是众人在利益分配方面出了问题，以前“大碗喝酒、大块吃肉”的哥们儿开始陷入尖锐的利益纠纷之中，新东方遭遇了成立以来最严峻的考验。

在这种情况下，俞敏洪将利益、权力和人情三者巧妙地糅合在一起，在以往的基础上，加大了“利益”的分量，使之大于“人情”的分量。最后，他在利益与人情之间找到了平衡点，他认为：利益始终应该放在第一位。如果你给员工的利益超过了其他企业给员工的利益，那么你的员工留下来的可能性就较大。在此基础上，你再给员工人情，员工就会感到很舒服，就愿意为你效力。

经历了那次风波之后，俞敏洪表示：现在的新东方非常好，不光没有散架，而且团结得更加紧密，彼此之间合作的层次也提高了，而且每个人在自己擅长的领域为公司做出了贡献。比如说徐小平老师针对中国留学生出版了四五本书，王强老师出了基本口语著作。大家一起关注新东方的未来、命运和前途，彼此从理念到行为，都非常的一致。

从俞敏洪的讲述中，我们可以发现“揉面团”的过程中，既包括了团队成员之间并肩战斗，也包括了团队成员之间相互摩擦。这种摩擦主要表现在思想观念、内心需求、观点建议方面的碰撞和融合。这也让我们意识到，把一堆面粉揉成劲道十足的面团不是一蹴而就的，而是一种长期的修炼。

阿里巴巴“十八罗汉”进入公司的时间不同，大家有先有后。在多年的合作中，有过很多不同观念的冲突，彼此间也曾有激烈的争吵，甚至有几天不说话的。遇到这种情况，马云就会站出来缓和气氛，因为大家有共同的事业。最后，十八罗汉糅合在了一起，彼此之间合作得非常愉快，为阿里巴巴的发展做出了重大贡献。

很多企业像新东方、阿里巴巴这样的大企业一样，也拥有众多优秀的人才，但是他们中的一些企业，没有像新东方、阿里巴巴一样打造出凝聚力十足的团队，导致他们企业发展不那么迅速，有些企业甚至举步维艰。这到底是怎么回事呢？答案是团队成员之间没有产生有效的反应，没有揉成一个整体，没有劲道。

有一家企业由于项目好、战略措施得力，在创办后短短两年时间内，企业业绩直线上升，成为同行中的佼佼者。但不足之处是，由于企业发展迅速，人力资源工作相对滞后。这家企业的人员比较特殊，有创业期的老员工，也有经验丰富的“空降兵”——职业经理人，还有初出茅庐的大学生。可以说，这家企业已经具备了发展需要的人才，可是问题就在于这些人员之间没有融合成一支有战斗力的团队，无法真正发挥团队的作用。

后来，该企业在管理专家的帮助下，开展了员工培训计划，对企业人力资源进行整合。同时，大力宣扬企业文化，提出共同的目标，很快这家企业又焕发了生机和活力。从这个案例中，我们可以看出：“揉面团”，在团队建设中，在企业文化、价值理念、共同目标统一方面，都是不可忽视的重要因素。

此外，在团队建设中，为了让团队成员之间产生有效反应，管理者应该注意以下三点：

（1）根据团队成员的个性来建设团队。我们知道，每个人都有自己的个性，有些人个性很强势，有些人个性比较温和、比较弱势。如果把个性都很强势的人捏合在一起，那么团队中就有吵不完的嘴、打不完的架，如果把个性都很弱势的人捏合在一起，那么团队就会失去骨气和气魄。这都是不明智的，最好的办法是把个性强势和弱势的人整合在一起，这样他们彼此间可以互补，自然就比较有战斗力。

（2）把能力互补的人整合在一起。有些人擅长组织，有些人擅长策划，有些人擅长执行，把这些能力侧重点不同的人整合在一起，让大家各行其是，就能把一件事做得尽善尽美。

（3）引导团队成员保持畅通的交流。良好的团队沟通可以增进大家相互之间的情感，使彼此更好地协作，有了情感基础，团队才能产生凝聚力。

2　传递正能量，激励员工创造奇迹

什么是正能量呢？英国著名心理学家理查德·怀斯曼将人体比喻成一个能量场，通过激发内在潜能，可以使人表现出一个新的自我，从而更加自信、更加充满活力。积极的、健康的、催人奋进的、给人力量的人和事，都能给人带去正能量。

正能量是团队创造奇迹的保证，一个正能量的团队，在工作中遇到困难时，会拥有毫不动摇的决心。对企业管理者而言，传递正能量意味通过正确的管理手段，让员工充分发挥自己的才能，感受工作带来的愉悦感，从而创造更好的业绩。

要传递正能量，老板就要做团队的建设者，而不要做利益的追逐者。近年来，领导者被分为多种类型，有魅力型、民主型、独裁型等等，你是哪种领导者呢？你传递的是正能量还是负能量呢？先看一个例子吧！

科尔是一家产品制造公司的老板，他一贯的工作风格是粗鲁、暴躁、威胁。科尔认为自己的团队“跑得太慢”，必须通过“鞭打”促使他们跑得更快，这样才能创造公司期望的结果。如他所愿，他的公司业绩不断提高，利润越来越多。

虽然科尔的管理风格提升了团队的工作效率，但这种效率的提高，是由员工心头的恐惧所驱使的，而不是员工发自内心的正能量所驱使的。每当科尔发现员工的积极性有所下降时，就会怒吼着威胁员工，说要扣员工的工资，要解雇懒散的员工。可以想象，最终的结果是，员工私下里怨声载道，对工作充满厌倦，员工离职率很高。

杰夫也是一家产品制造公司的老板，他采用的管理方法与科尔不同。他非常善于听取团队成员的想法，并且向员工反馈很多信息，使团队成员了解当时的工作进展。最重要的是，杰夫很公平，从来不袒护任何一个人。面对员工的错误，他总是机智地、有原则地予以纠正。犯了错的员工尽管有时候被杰夫痛骂一顿，但是他们心服口服，然后努力去纠正错误。而当员工表现出色时，杰夫总是第一时间给予赞扬和奖励。

很显然，科尔是一个私利追逐者，而杰夫是一个团队建设者。科尔以为不断鞭策员工，就能达到赢利的目的，而杰夫采取尊重、表扬、奖励等管理手法，这样能让员工对企业产生归属感，从而迸发出无限的正能量。

作为企业的老板，应该像杰夫那样，做一个团队建设者，帮助员工进步或学习新的技能，做员工的顾问、教练，把团队的宏伟蓝图装在心中，并传达给团队成员，使大家明确努力的方向。同时，老板要重视团队激励，重视公平、公开、公正，积极听取员工的意见和建议，通过优化制度、奖优罚劣等策略，清除团队的消极因素，不断把正能量传递下去。这样才能激发团队创造奇迹。

小苏研究生毕业后，任职于一家广告公司。当时公司正处于低谷时期，业绩不断下滑，人心涣散。团队成员缺乏激情，毫无斗志。老板对公司的现状非常不满，当时高薪聘请小苏，就是为了改善公司的现状，但是怎么改，老板一直没有头绪，所以迟迟不敢动手。

一天，老板找到小苏，征求他对公司的意见。小苏毫不遮掩，说："公司的制度没有得到落实，奖励制度没有得到兑现，这是大家不满的直接原因。另外，公司内部不团结，造成竞争力被削弱，导致业绩不断下滑。这是一个恶性循环，任由其发展下去后果很严重。"

老板听了之后，若有所思，示意小苏接着说。小苏说："公司制定的目标应该分配到各个项目组，再由项目组具体执行，要让大家都有具体的工作。同时，一定要让大家通力协作，形成一个由公司到团队，由团队到个人的价值链条，把大家团结起来。为了保证大家认真执行目标，可以制定奖励制度，根据员工的业绩予以奖励。"

总经理打断道："可以举个例子吗？"

"比如说，公司里干活多、言辞不多的员工经常得不到奖励，而那些偷奸耍滑、善于言辞的员工却得到很多便宜。就拿上个月的事情说吧，上个月办公室主任请假 7 天去旅游，月底发奖金他照拿，而且据说拿得还是最多的。这就很不公平了，大家感到很不满，认为公司奖励不公，这让大家工作起来就没有了积极性。"

老板沉默了一会儿，说："我明白了，我会尽快推出一系列的新制度，相信会改变公司的现状的。"

半个月之后，公司制定了一套系统化的制度，明确了奖罚细则。新制度一推行，公司员工的工作激情被极大地激发出来，原来员工上班时怨声载道，现在都兢兢业业。月底发工资时，员工们脸上都露出了笑容，因为公司按业绩予以奖励，他们的付出得到了认可。

面对公司内部出现的矛盾，老板要找到问题的根源，选择因势利导的方式，而不是盲目打压，这样可以消除员工的不满，消除员工的消极情绪，从而提升团队的士气，激发出团队的战斗力。

另外，要想打造一支充满正能量的团队，老板一定要关注团队里的每一个人，要不断给予他们认可，把他们放在合适的职位上。管理大师吉姆·柯林斯认为，管理者不仅要把合适的人放在“车”上，还要让他们坐在合适的位置上。

员工工作缺乏激情，没有出色的表现，并非他们没有真才实学，很有可能是被安排在了不合适的位置上。老板如果不了解这个情况，盲目地任命员工，通常是非常危险的。反之，如果老板把员工放在合适的位置上，并告诉员工：“努力去干吧，你就是这方面的人才，我相信你会有出色的表现。”员工往往是不会让你失望的。

3　用目标和利益把团队成员紧紧绑在一起

管理者一味要求员工单方面付出是不现实的，也是没有说服力的。要想拴住员工的心，就要用实实在在的利益将他们与企业紧密地捆绑在一起，只有这样，才能轻松说服员工，并促使他们死心塌地为企业工作。

不少企业管理者，在教育说服员工时，往往只会讲空泛的大道理，结果不仅没有半点效果，反倒会引来一片哄笑。如果管理者能够巧妙地将员工利益与企业利益对等起来，把自己所追求的目标与说服对象的愿望、利益结合起来，设身处地为对方着想，那么往往能够达到超乎想象的说服效果。

老陈就职于一家小型民营企业，尽管只是一个小小的部门经理，但他在说服员工方面可谓是行家中的行家。

刚上班不到半小时，老陈办公室里就多了两位不请自来的“客人”。原来一名下属迟到了，负责考勤的人事专员当即扣除了300元全勤奖，结果此举不但没能让对方认识到自己的错误，反而激起了迟到员工的愤怒，他甚至撒泼耍赖道：“我就是迟到了，怎样？我不光今天迟到，明天也不会早来。你不就是个小小的人事专员，还真拿鸡毛当令箭了。”

两个人越吵越厉害，最后来到了老陈办公室评理。老陈支走了人事专员，然后装作不经意间叹息道：“今天可是这个月的最后一天，300块的全勤奖就这样没了，真是可惜！”闻言，迟到的下属明显一愣，紧接着语气一软：“我也不是故意的啊，毕竟谁跟钱有仇？”

随即，老陈语重心长地说道：“虽然扣了你300块的全勤奖，但这也是出于公司的考虑。你们想多拿钱，公司就必须有足够的钱来发工资，公司的钱是哪里来的？还不是大家努力工作赚来的，如果大家都迟到，公司业绩上不去，工资都发不出来，更别说全勤奖了。”

借助这种利益捆绑的说服方式，身为部门经理的老陈不仅成功消除了迟到员工对扣钱的不满，还让对方意识到了自身的错误，可谓一举两得。

管理者要想拴住员工的心，就一定要让他们认识到自己的个人利益和企业整体利益是一致的，破坏公司制度也是间接损害个人利益。只有这样才能将员工与企业紧密地捆绑在一起，从而实现上下一心，团结一致地朝着既定目标努力前进。

以人为本的管理哲学，主要体现在管人管心，那就是充分尊重员工，把员工当作企业最重要的资源，根据员工的能力、特长、兴趣、心理状况等综合情况，给员工安排最合适的工作，并在工作中充分考虑员工的成长和价值。这样就能很好地调动员工的工作积极性、主动性和创造性，从而提高工作效率，为企业创造利润，为企业发展做出最大的贡献。与此同时，员工的价值得以体现，需求得以满足，员工才会真心真意地拥护企业。

著名人力资源专家李诚多次在培训课程中告诉创业者："管人管事不如管心。"他认为，企业如果单纯地用管理学来管人，是很难取得理想效果的，还需要用心理学进行干预。在他看来，管心是根本，管心的目的是激发团队的潜能，提升大家的心智，为企业创造更高的利润。

李诚把员工分为四类：一类是经济人，即需要金钱满足，因为现代人生活压力太大了；二类是社会人，即追求信任和理解，在公司工作追求开心；三类是追求自我价值实现的人，他们有很好的人生观、价值观，只想利用工作这个平台实现自我的价值；四类是复杂人，既全方位追求自我，也可以说是前三种需求的综合体。

要想管好这些人，唯有从心入手，帮他们做出与企业发展相统一的职业规划，让他们既能赚到钱，又能快乐地工作，还能实现自我的价值。在这个规划中，要倡导终身雇佣，倡导自我学习和提高，倡导平等竞争的理念，让员工和企业一同成长和发展。

对企业管理者而言，只有管住了人，才能把企业管理好，因为企业是由人构成的，企业发展靠的是人。而要管住人，最好的办法是管住人的心，即要采用以人为本的策略，真正赢得人心。这就要求管理者有识人心的能力。

管理者要成为“有心”之人，也许从下属一个无意识的动作、一句不经意的话语中，你就能看出其内心的本意。然后，针对员工的本意，采取最贴心的关怀、最有力的说服、最动情的激励。只有这样，才能激发员工沉睡的潜能，让员工变得更有效率，让业绩有更大的提升。

在现实生活中，企业与员工之间难免会产生一些不可避免的矛盾、冲突，这时，管理者切忌拿“制度”压人，更不能用领导的腔调对下属进行严厉训斥，心平气和地让大家明白“企业与员工一荣俱荣，一损俱损”的道理，只有这样，才能紧紧捆住员工的心。

4 不要轻易许诺，难以实现的诺言比谣言更可怕

有这样一个故事：

有个商人在临死之前，告诫儿子：“如果你想在生意场上成功，一定要记住两点：守信和聪明。”

儿子问父亲：“什么叫守信呢？”

父亲说：“如果你与别人签订了一份合同，可是签订之后你会因此而倾家荡产，但你依然履行了合同。”

儿子又问："那么什么叫聪明呢？"

父亲说："不要签订这份合同。"

谨慎地许诺——如果许下诺言，无论刀山火海，都要义无反顾地履行；不要轻易向他人许诺你办不到的事情，否则，你将失信于人。这就是一位商人临终的遗言，可见，守信在他眼中意义多么重要。

有智慧的商人往往将守信理解为一种品德，并且几十年如一日地修炼这种品德。他们认为，守信是取信于人的最好办法，是建立个人形象的重要手段。当你在别人心目中是一个守信的人时，你就会获得别人的支持，你也会因此获得越来越多的机会。良好的名声，就好比是一座金矿，它会使你富有，使你有威信和影响力。

事实上，企业领导者和商人一样需要守信，只有守信，员工才会信任你，才会服从你的领导，才愿意追随你。如果你信口开河，轻易许诺，却无法兑现诺言，那么你在员工面前就会失去威信，当你振臂高呼时，可能响应者寥寥无几。这个时候，你就变成了一只孤独的"领头羊"。

一家小公司的总经理招聘员工，一位年轻人来应聘，他说："我干这一行已经有5年时间了，积累了丰富的工作经验，并且最擅长做终端业务，完全有信心胜任贵公司招聘的职务。不知道贵公司给的待遇怎么样？"

总经理说："我看了你的简历，觉得你是一个优秀的人才。对于你这样的人才，我可以负责任地告诉你：如果你来我们公司，我可以保证你年薪不低于20万。"年轻人一听，喜上眉梢，决定进入该企业。

然而，这个年轻人工作半年后，收入共计 6 万元，与总经理说的“年薪不低于 20 万”有较大的差距。于是他找到总经理，说：“你当初说，我年薪不低于 20 万元，平均下来，每个月的薪水应该在 1.6 万左右，而我目前的月薪只有 1 万，我想听听你的解释，可以吗？”

总经理说：“年轻人不要着急嘛，你才来半年，下半年还没结束呢。你的能力我看在眼里，大家也有目共睹，随着你在公司工作的时间增长，相信你的薪水也会增加的。再说了，到了年底还有年终奖，你的年薪绝对不会低于 20 万元，请你放心，公司不会亏待你的。”

听了这番话，年轻人觉得也有道理，于是不再提了。半年又过去了，到了年底，年轻人月薪依然是每月 1 万，而且传说中的年终奖也没影儿。年轻人很气愤，找总经理讨说法。总经理却说：“年终奖是根据公司的效益来定的，今年公司效益不好，所以，没有年终奖。”

年轻人愤怒了，他质问总经理“为何欺骗员工”，怒骂总经理不讲信用，并拿出当初进公司时签署的合同，一气之下将这家公司告上法庭，结果公司败诉，不但赔了钱，还在同行中落了个不好的名声。

承诺不是儿戏，更何况是一纸合同书？身为领导者，爱才惜才之心可以理解，但如果为了招揽人才、留住人才而许下兑现不了的诺言，无疑是赤裸裸的欺骗。而一个不守信的领导者，又怎么能带领团队打江山呢？要知道，实现不了的诺言比谣言更加可怕，它会不断传播，使你的“臭名”一传千里，这样一来，谁还敢和你打交道呢？

古人云，轻诺必寡信。这不仅是一个主观上愿不愿意守信的问题，也是是否有能力兑现诺言的问题。有些领导者在失信于人之后，频频为自己找借口辩解，更有甚者，将那种口头承诺视为忽悠人的把戏，在忽悠成功之后，在对方怒骂自己时，他们却说：“你有证据吗？我什么时候说过？”同时，还不知廉耻地暗自高兴，认为自己有手段，殊不知，这种卑鄙的行迹多么肮脏，这种人早晚会被众人唾弃。反之，一个重信守诺的领导者，则很容易受到拥戴。

企业领导者和国家统治者一样，如果想要使民众服从自己，就要想办法取信于人，只有守信的领导，才会赢得下属的拥戴。因此，为了避免许诺兑现不了的承诺，领导者在许诺前，一定要深思熟虑，绝不要许下没把握兑现的诺言。

罗宾先生正带着几个工程师赶项目。突然，他的手机响了，是一位美国投资人打来的电话。经过几句简单的寒暄，对方问：“罗宾，这个项目要多久可以完成？”

罗宾先生说：“6 个月。”

对方停顿了几秒钟，又问：“4 个月能完成吗？如果可以，我们可以对你追加 50% 的投资。”

虽然罗宾先生刚创办公司，需要很多资金来购买设备、聘请优秀的人才，但是他拒绝了：“对不起，4 个月我们完成不了。”他的理由是不敢贸然推出一款自己没把握的产品，4 个月也许可以完成这个项目，但是项目的质量会打折，他不会冒这个险。

对方沉默了很长时间，突然开怀大笑起来，说："罗宾，你诚实的拒绝让我感到很放心，因为这证明你是一个真实和稳重的人，把钱投资给你这样的人，我们很放心。"事实证明，这位投资者的判断是正确的，因为百度在短短3年之内，从一个校园网络公司成长为全球最大的中文搜索引擎公司，为投资者带来了上千倍的回报。罗宾就是百度的创始人李彦宏的英文名。

李彦宏在做出承诺之前，经过了深思熟虑的思考，对于自己无法兑现的事情，他坚决予以拒绝，这种真实和坦诚的态度很好地赢得了投资者的信任。也许，李彦宏这种守信的品质，正是百度在发展过程中不可缺少的推动力之一。

当然，有一种情况必须注意：有时候许下的诺言原本可以兑现，但是因发生了不可预期的事情，影响了诺言的兑现，这个时候你该怎么办呢？最好的做法是开诚布公地与被许诺者说明原因，并想办法做出补救。千万不要等到火烧眉毛了，再硬着头皮承认自己的过错或找理由推诿责任。

5 不要喂得太饱，否则他们就没有了奔跑的欲望

在这个商品经济年代，所谓的"知遇之恩"往往只能赢得别人口头上的称赞，想让人真正记得你的好，恐怕还要有实实在在的利益保障。身为企业领导者，如果你不给下属实实在在的利益，就不要指望人家毫无保留地卖命。因此，领导者不只应该懂得用感情投资笼络人心，更应该学会用"利益"打动

下属。

在用利益笼络人心时，领导者要牢记一点：人不太容易知足，如果你一次给足了下属好的待遇、奖励，并且今后没有改善和提高，那么下属就容易产生怨恨，甚至会消极怠工。因此，正确的做法是逐渐改善下属的待遇，一步步笼络下属的心，这更能激发下属的感恩之心。

通俗地讲，给下属好处不要一次给足，而要结合下属的心理需求，分期给他好处，最大限度地激发他的积极性。

有一块大甜头，不要一次性给下属，而要分成几次、几个阶段地犒劳下属，以换得下属更持久的感激。站在下属的角度，一次性获得领导给予的甜头，很容易吃得太饱，变得不思进取，而细水长流的好处，则可以让下属一直在激励中努力工作。

领导者一定要认识到人性中有贪婪和懒散的成分，一次性把下属喂得太饱，容易把下属的胃口撑大，使下属变得更加贪婪和懒散，这样一来，他可能对工作失去热情。所以，最明智的做法是，通过一次又一次的好处，让下属对你产生亏欠心理，使之产生投桃报李的情怀，这样你就很容易驾驭他了。

值得注意的是，虽然给下属好处可以使他产生“亏欠心理”，但在运用此法时，一定要讲究策略，千万不能表现得太过功利，否则，就是赤裸裸的收买，会引起下属的不快，也会引起旁人的不满。那么，具体怎么做呢？

方法一：把感情投资和利益投资结合起来

在这个年代，你只和下属谈感情，而舍不得给下属实实在在的好处，下属肯定不跟你混。毕竟人生在世，虽说不只是

“吃喝”二字，但下属衣食住行，样样都离不开钱。因此，适当地给下属看得见摸得着的好处，才是比较靠谱的激励策略。

当然，如果你只是给下属物质奖励，平时却冷冰冰地和他对话，不尊重他，不体谅他，不关心他，那么下属也难以产生工作激情，为你殚精竭虑地卖命。彼得·德鲁克说得好：“我们无法用金钱买到责任感。金钱上的奖赏和诱因当然很重要，但大半只会带来反效果。对奖金不满会变成负面的工作诱因，削弱员工对绩效的责任感。”所以，最好的办法是把感情投资和物质奖励结合在一起。

方法二：给下属好处宜“放长线”

俗话说：“放长线，钓大鱼。”在给下属好处时，不要急功近利，不要幻想一次性就能满足下属所有的需求。今天你满足他某个超出你能力范围的愿望，他就会一直感激你、为你效力吗？恐怕过不了多久，他就会忘记你给他的好处。再者，作为一个领导者，你手里的资源是有限的，你并没有那么大的能耐一下子喂饱下属，所以，明智的话，还是采取放长线钓大鱼的策略，一次给下属一点好处，争取持久战的胜利吧！

方法三：在最恰当的时机满足下属的需求

给得好，不如给得巧。在给下属好处时，一定要抓住时机。举个例子，下属手头宽裕的时候，你奖励他几百块钱，他可能不放在心上。如果下属急需用钱时，你奖励他几百块钱，或暗地里塞给他一个红包，他可能会对你感激涕零。这就是雪中送炭的威力。所以，管理者要多了解下属的心理，下属想要什么，你就适当满足他什么，这样更容易笼络下属的心。

6 把“家人意识”融入到团队管理中来

人是有感情的动物，需要情感上的交流，希望与家人、朋友、同事们保持和谐、融洽的关系，希望得到别人的关心。员工的这种情感需求如果能在企业获得满足，那么他们就很容易从企业获得归属感，他们就会把企业当成自己的家，尽职尽责地做好“家人”该做的事情，为企业的发展竭尽全力地贡献自己的力量。

很多人都吃过“老干妈”调味品，但是有多少人知道它的来历呢？其实，它的成功得益于老干妈的创始人陶华碧几十年来的亲情化、家庭式经营和管理。

由于公司地处偏远，交通不便，员工吃饭难，住宿也是个问题，陶华碧决定包揽所有员工的吃住问题。即使公司不断发展，人数达到1300人时，这个规矩依然没有废止。这么庞大的企业，一直实行全员包吃包住，谁敢想？谁又敢做？但是陶华碧不惜花“血本”，始终坚持下来了。

公司员工多达1300人，陶华碧却能叫出他们中60%的人名，并记得他们中很多人的生日。当员工的生日到了时，她会给员工煮一碗长寿面，加两个荷包蛋；当员工结婚时，她必定要当证婚人……

通过这种亲情化、家庭式的感情激励，使得全体员工对她充满感情，大家都叫她“老干妈”，而不是叫她董事长。也正是这份真情，使得每个员工都把自己当成公司的重要一分子，大家都会积极主动地对待工作。很多员工虽然离开了公司，但是还非常想回来。其中，有这样一个例子：

有个男员工离开老干妈公司之后，在别的单位过得不开心，他特别想念"老干妈"，但是不好意思直接说明此意，于是托人转告陶华碧。陶华碧一听就说："我也一直惦记着他呀！《还珠格格》里的小燕子走了，她的皇阿玛是那么的牵肠挂肚，我也是那样啊！你转告他，也让他转告所有从'老干妈'出去的人，如果他们在外面干得不如意，都可以回来，当妈的哪会嫌儿丑呢？"这番话让员工们很感动。

很多老板都要求员工把企业当成家，但是又有几个老板像陶华碧那样真心把员工当成家人呢？你让员工把企业当成家，员工就会把企业当家吗？当然不是，如果员工在企业感受不到家的温暖，从领导者身上感受不到家人的关心，他们对企业就不可能有归属感，一个对企业没有归属感的员工，怎么可能把企业当成自己的家呢？

海尔集团首席执行官张瑞敏曾经说过一句话："要让员工心里有企业，企业就必须时时惦记着员工；要让员工爱企业，企业首先要爱员工。"可见，对员工的工作、生活进行全方位的关照，才能使员工深深感受到企业的真爱，才能让员工心中有企业。

所以，让员工把企业当成家，并不是高喊口号就能实现的，而需要企业领导者真心真意地把员工当成家人，在实际问题上为员工着想，就像父母或家长照顾子女一样照顾员工，这样员工才能在企业感受到家庭的温暖。

美国一家公司在波士顿的港口外的小岛上，举行了一次野餐会。其间，员工们自发地组织了一场足球比赛，在球赛中，公司公关部的女负责人雷切尔·戈登不幸受伤，她的脚踝被踢成3处骨折。公司的女老板特里什马上找来救护艇，第一时间将雷切尔送入医院。

野餐会结束后，特里什又赶往医院探望雷切尔。当时雷切尔的整条大腿都被打上石膏，正准备接受手术治疗。后来医生发现雷切尔的腿上出现了水肿，决定将手术推迟到3个星期之后进行。当特里什得知雷切尔孤身一人，无人照料时，她二话没说，立刻把雷切尔带回自己的家，和自己一起住。

回到家里，特里什和两个子女把家里进行了重新布置，像招待来访的亲友那样接待雷切尔。这让雷切尔十分感动，但是特里什却觉得这是很正常的现象，她对雷切尔说："我不知道这样做是否明智，但我心里觉得舒坦，因为你需要有人帮助。"

试想一下，如果这样的事情发生在你的公司，会是怎样一种情况呢？你会像特里什那样，把员工当成自己的家人，精心地照顾他吗？

优秀的领导者明白，越是在员工脆弱、需要帮助的时候，越要表达对员工的重视，因为雪中送炭最能温暖人心，也最能激发员工对企业的忠诚，激发员工对企业产生归属感。放眼大千世界，唯有用真心实意的关爱，才能打动员工的心，也唯有如此，才能使员工拥有使命感，进而激发员工的斗志。

事实上，把家人意识融入到企业管理中来并非难事，只要你用对待家人一般的真心对待员工，你就能做得非常好。比如，当员工刚入公司时，你要通过人事部了解员工的姓名、籍贯、生日、兴趣爱好等基本情况。员工上班第一天，你就能准确地叫出对方的名字，这在无形之中，就能拉近与员工的心理距离。

当员工生日时，给员工举办一个充满惊喜的生日晚会，为员工准备一份生日礼物和生日蛋糕，召集全体员工或部门员工，和员工共度别开生面的生日，可以深深打动员工的心。

在平时的工作中，利用空闲时间和员工闲谈家常，在员工乐意的情况下，与员工谈论其经历、家庭、兴趣爱好等等，会让员工感到特别亲切。当员工感受到了关爱，他们肯定会将心比心，好好地对待工作。

7 以文化凝聚人心，让团队文化融入每个人的血液

有一项针对“影响美国企业最重要的因素”的研究，其结论是：一个特定的企业文化决定了企业绩效。很多企业不断地宣传公司的文化，并将其视为吸引和留住员工的一种手段，而事实上，这种手段是非常有效的，并且重视企业文化的打造和宣传，对提升企业的绩效非常有益。因此，对管理者而言，建立优秀的企业文化，用文化凝聚人心，让文化融入每个员工的血液，是管理中的重要任务之一。

松下电器公司历来重视企业文化的建设，当员工进入公司时，首先要接受的就是公司的文化。公司会对员工进行价值观

训练，并且从学徒时期开始，反复向员工传达公司的文化，直到员工退休为止。

松下公司有一个特别的规定：每个月的公司小组会议上，每个工作小组都要选出一名员工作10分钟的报告。报告的内容主要是介绍公司的价值观，介绍公司与社会的关系。在松下公司，有一句话非常流行："如果你因诚实犯了一个错误，公司是非常宽容的，公司会把这个错误当作一笔学费来对待，要求你从中吸取教训。但是如果你违背公司的原则，那么你会受到严厉的批评和处罚。"这句话很好地反映了松下公司重视员工的价值观培养。

在松下公司的文化中，人性化的文化处处可见。松下幸之助在创办松下公司时，就设计了"职工拥有住房制度"，该制度规定：当员工35岁时，要让他们有自己的房子。这项惠民政策是松下企业文化的重要内容，为此松下幸之助个人捐赠了2亿日元，设立了"松下董事长颂德福会"基金，用于对员工表达人文关怀。

松下的企业文化中，还有一条"遗族育英制度"，这项制度旨在对意外死亡的员工家属支付年金，保证其子女顺利地接受教育。在这种文化的熏陶下，松下公司的员工以公司为家，对公司充满归属感。

很多企业都注重对新人进行入职培训，所谓的入职培训，除了一些技能的传授，更多的是企业文化的灌输和渗透。有人说，企业这种做法就像是在和员工谈恋爱，目的是让员工认同自己的企业文化、了解公司的价值理念，最终爱上公司，融入团队。

通俗地讲，企业文化的灌输过程，就是文化的洗脑过程。但真正的文化灌输，不能仅体现在入职培训上，也不是把文化写在纸上、挂在墙上。很多公司把企业文化的宣传和灌输视为一个过场，他们讲自己的文化，员工听的效果如何，他们没有去了解。其实，优秀的企业文化充满了人性的关怀，会在工作中潜移默化地影响员工，这样员工更容易接受并认同企业文化。

摩托罗拉公司就通过“家庭日”活动来传达公司的文化，以影响员工及其家属。摩托罗拉为提高公司的凝聚力，经常举办“家庭日”活动。所谓“家庭日”，指的是把员工的家属邀请到公司来参加活动。活动内容丰富多彩，活动主题贴近生活。在“家庭日”活动中，既有精彩的节目，还有丰富的奖品。在整个活动过程中，大家始终沉浸在温馨的亲情中，使员工非常受触动。

通过这种方式，摩托罗拉很好地凝聚了人心。当员工试图跳槽时，第一个站出来劝阻的不是公司的领导，而是员工的家人。他们的家人很可能会认为，在摩托罗拉工作是一件引以为荣的事情，劝说自己的家人不要离开摩托罗拉。

另外，摩托罗拉还注重人性化的管理模式。公司专门设立了道德专线，主要作用是为员工提供信息、忠告和建议。当员工遇到疑虑或问题时，可以通过这条专线来求得帮助。道德专线最大的特点是公正，在处理一切问题或疑虑的时候都会非常谨慎和彻底。该专线没有设置来电识别功能，目的是让员工更坦诚地表达自己的爱恨情仇，且不用担心招来嫉恨和报复。

摩托罗拉的企业文化充分说明，优秀企业文化有助于增强企业的凝聚力，使大家产生强烈的归属感，从而为公司的发展赢得了强大的民心支持。

优秀的企业文化有一种号召力和威慑力，会散发出一种无形的力量，从而影响员工的言行。当然，它的影响力不是单独发挥功效的，而是与企业制度相配合产生作用的。

身为公司的管理者，想要把有着不同价值理念的员工团结起来，就有必要构建优秀的企业文化，并灌输到员工的思想意识中去，使大家有一个全新的统一的价值理念。与此同时，在企业文化的指导下制定合理的制度，用制度约束员工的不良行为，使大家有统一的行为准则。这样，公司的凝聚力才会强大起来，公司的战斗力也会呈现倍增效应。